FOLIO
JUNIOR

Évelyne Brisou-Pellen

Thésée, Ariane et le Minotaure

Illustrations
de Rémi Saillard

Notes par Évelyne Brisou-Pellen
et Marie-Thérèse Adam

Carnet de lecture
par Marie-Thérèse Adam

GALLIMARD JEUNESSE

Collection dirigée par Jean-Philippe Arrou-Vignod

Pour en savoir plus :
www.cercle-enseignement.fr

Carte de la page ci-contre : Vincent Brunot

Le voyage de Thésée

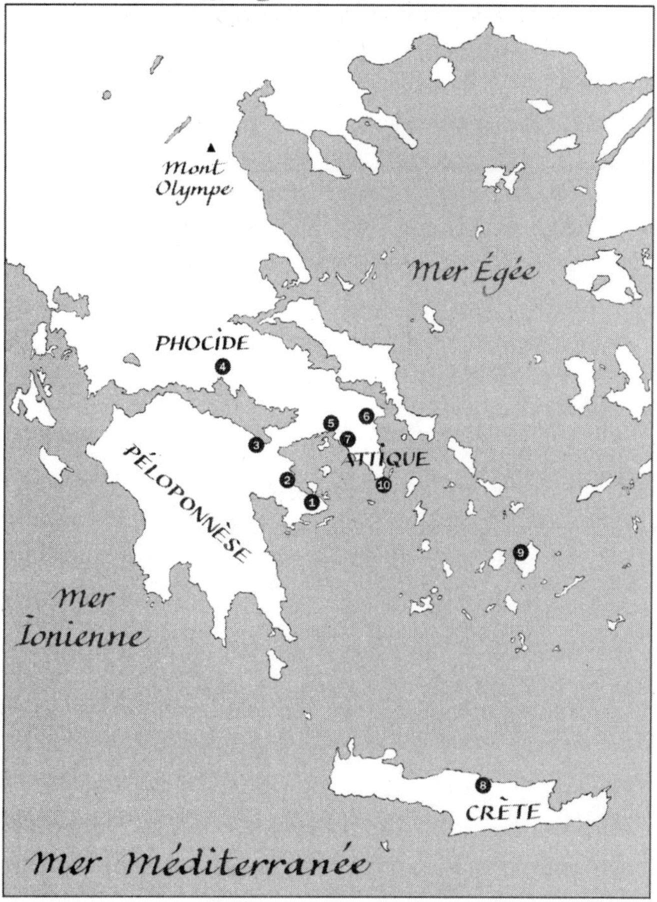

1 Trézène
2 Épidaure
3 Isthme de Corinthe
4 Delphes
5 Éleusis
6 Marathon
7 Athènes et le port du Pirée
8 Knossos et le port d'Héraklion
9 Naxos
10 Cap Sounion

1

La peau du lion

– À l'attaque ! hurla Thésée.

Il n'avait que sept ans, mais ça ne l'empêchait pas de commander à tous les enfants, même plus grands que lui.

Seulement, là, personne ne le suivit. C'est qu'un terrible lion s'était introduit dans la grande salle du palais de Trézène[1].

Tous les braves qui jouaient à la guerre eurent juste le courage… de s'enfuir en hurlant.

Comme il n'avait pas d'arme, Thésée décrocha une hache du mur et se jeta sur le fauve.

Alerté par les cris, le roi, son grand-père, surgit avec ses gardes pour faire face au danger.

Et il découvrit le jeune prince contemplant avec stupéfaction sa hache enfoncée dans le crâne… d'une dépouille de fauve.

Les gardes rirent. C'était la peau du terrible lion

1. Les noms des principaux lieux mentionnés dans le récit figurent sur la carte, p. 7.

de Némée qu'Héraclès[1] avait tué, et qu'il avait laissée au palais à sa dernière visite !

Thésée en fut mortifié.

Son grand-père le consola :

– Tu as fait preuve d'un grand courage, car tu ignorais qu'il n'y avait pas de danger.

Le chasseur en herbe baissa la tête pour dissimuler son visage sous ses boucles, et il avoua :

– En vérité, grand-père… j'ai eu très peur.

Le roi eut un sourire amusé :

– Mais c'est cela le vrai courage, petit ! Le courage n'est pas d'ignorer la peur, c'est d'affronter le danger MALGRÉ sa peur. Tu n'as pas hésité à attaquer le fauve, alors que tous les autres s'enfuyaient. Je suis très fier de toi ! C'est le signe d'un destin hors du commun !

Thésée se redressa, réconforté. « Destin »… il adorait ce mot. Voyant le roi dans de bonnes dispositions, il se demanda s'il ne pouvait pas en profiter pour…

Il se lança :

– Je tiens sûrement ce courage de mon père. Qui est-il donc ?

Bien tenté… Hélas, il n'obtint pas plus de réponse que d'habitude. Sauf si un sourire pouvait passer pour une réponse.

Thésée soupira. Ne pas savoir qui était son père

1. Héraclès : Hercule chez les Romains, celui des fameux « douze travaux ». Il a étranglé à mains nues le lion qui terrorisait la région de Némée.

ne l'empêchait pas de vivre, mais le tourmentait quand même un peu. Pourquoi est-ce qu'on le lui cachait ? Parce que son père était un homme très important ?

... Ou parce qu'il ne l'était pas du tout.

Certaines nuits, il rêvait que c'était un dieu. Car ça arrivait : les dieux avaient parfois des enfants avec des mortelles.

Ou alors c'était un héros, comme Héraclès, celui qu'il admirait le plus ! Surtout qu'ils étaient de la même famille, puisque leurs mères étaient cousines.

D'ailleurs, Héraclès lui-même avait pour père un dieu, et pas n'importe lequel : Zeus en personne !

Oui, son père pouvait être un dieu ou un héros !

Ou bien... un simple serviteur. Ou même un esclave.

Mais il l'aimerait malgré tout.

Malheureusement, pour savoir qui c'était, il devrait encore attendre, et il n'était pas très doué pour ça. Il avait toujours l'impression que son sang bouillonnait en lui, qu'il fallait qu'il bouge, qu'il se démène, qu'il fasse quelque chose.

Mais le temps poursuit son chemin, qu'on ait envie de le presser ou de le ralentir. Thésée grandit, et le jour tant attendu finit par arriver.

Éthra, sa mère, le convoqua et, très émue, lui dit :

– Tu es plus grand que moi, aujourd'hui, et si

fort ! Un magnifique athlète à qui rien ne fait peur, un fils attentif et un homme de cœur. Jamais je n'aurais osé demander aux dieux une telle faveur.

Elle ne se permit pas d'ajouter qu'elle le trouvait aussi très beau avec sa chevelure bouclée, son visage mat aux traits à la fois nets et doux, ses yeux pleins de chaleur et de décision, son élégance, son charme, son intelligence…

Elle se contenta de finir :

– Aussi, je sais qu'aujourd'hui je peux te parler.

Thésée sentit son cœur s'accélérer, cependant il n'en montra rien, pour ne pas avoir l'air d'un gamin et briser la bonne opinion que sa mère avait de lui.

Elle reprit :

– Ton père a dû partir avant ta naissance, mais il n'a pas oublié le bébé à naître. Il a voulu lui laisser quelque chose qui lui révélerait le secret de sa naissance et lui permettrait de le rejoindre, s'il était assez fort et courageux.

Thésée s'inquiéta :

– Le suis-je ?

Éthra sourit avec douceur :

– Le seul qui puisse en juger, c'est le rocher.

– Quel rocher ?

– Celui sous lequel ton père a dissimulé son cadeau. Il voulait que tu ne connaisses la vérité que le jour où tu serais capable de le soulever.

– … Parce qu'il est très lourd, comprit Thésée.

Sa mère eut un geste désolé.

Il hocha la tête, lèvres serrées. Son père avait un jour soulevé ce rocher pour glisser dessous son présent, il était juste que, pour être digne de lui, il doive le soulever à son tour.

Et s'il n'y arrivait pas, alors la honte l'étoufferait, et il s'exilerait seul dans la montagne pour ne jamais revenir.

2

L'héritage

Sur le chemin, c'est à peine si Thésée respirait, crispant les poings à s'en faire mal. Si on voulait vaincre, il ne fallait pas douter. Pourtant, son cœur battait un peu trop vite. Et s'il suivait sa mère sans prononcer un mot, ce n'était pas par sagesse, c'était parce qu'il craignait que sa voix ne tremble.

Ils grimpèrent dans les collines sauvages jusqu'à ce qu'ils aperçoivent, tout en haut, une roche solitaire, colossale, qui surplombait le paysage.

Thésée comprit alors pourquoi il n'aurait pas pu la soulever quand il était enfant.

Aussitôt, il cessa de penser, le calme se fit en lui, et il rassembla toute sa force mentale. Une fois devant l'épreuve, il fallait la prendre à bras-le-corps. Et pour un tel rocher, c'était au sens propre.

Il examina sa forme, les déséquilibres dont il pourrait profiter, la qualité de la pierre qui laissait augurer de son poids, et il décréta :

– J’y arriverai.

Et il le pensa de tout son être, depuis le sommet de son crâne jusqu’à ses pieds ancrés dans le sol, et jusqu’au bout de ses mains, de ses doigts qu’il glissa sous la pierre…

Le rocher se souleva d’un coup et s’en alla rouler vers la vallée.

Émerveillé, Thésée le suivit un moment des yeux tandis qu’il dévalait la pente. C’était pour lui comme une seconde naissance.

Il se rappela soudain pourquoi il avait accompli cet exploit et regarda à ses pieds.

Il y avait là… des sandales d’or et une superbe épée ! Éberlué, il bredouilla :

– Mère… l’épée et les sandales sont les insignes… des rois d’Athènes !

– Des rois d’Athènes, tu as raison.

– Mais alors, je serais…

– Le fils du roi Égée, oui.

Thésée resta stupéfait. Puis son cœur se gonfla de bonheur, et il se redressa, juste un peu, pour ne pas montrer d’arrogance. Car, il le savait, il ne suffisait pas d’être né d’un roi pour être roi. On ne le devenait qu’en le méritant, et il n’avait encore rien mérité.

Il lança à Éthra un regard hésitant :

– Je suis désolé, mère, mais… je vais devoir aller retrouver mon père.

Éthra eut un sourire résigné :

– Le temps arrive pour toutes les mères de voir partir leur fils. C'est un moment magnifique et difficile. Magnifique parce qu'elles savent qu'elles ont bien rempli leur rôle, puisque leur enfant prend sans crainte son envol, difficile parce qu'elles doivent s'en séparer. Va, mon fils, traverse la mer et rejoins Athènes. Par chance, nous avons des bateaux, tu n'auras pas besoin d'affronter les terribles dangers de la côte.

– Quels dangers, mère ?

– Ces côtes sont infestées de créatures redoutables qui terrifient les habitants. Mais peu importe, puisque la mer est le plus court chemin.

– Peu importe ? s'étonna Thésée. Quelque chose terrifie les habitants et je n'en savais rien ? Je croyais qu'Héraclès avait éliminé tout ce qui menaçait les humains : l'Hydre de Lerne et ses sept têtes, les oiseaux du lac Stymphale qui se nourrissaient de chair humaine, le taureau blanc qui ravageait la Crète…

– Hélas, depuis qu'il n'est plus là, les êtres maléfiques se répandent de nouveau.

Thésée n'oubliait pas qu'enfant, il avait « combattu » la peau du lion de Némée tué par Héraclès… Ce n'était pas un hasard ! Il devait marcher sur les traces de son héros !

La détermination s'empara de son cœur, et il déclara :

– Alors c'est par la terre que j'irai à Athènes.

Parce qu'un vrai guerrier, et plus encore un fils de roi, a pour devoir de protéger les faibles.

Éthra se mordit les lèvres. Connaissant son fils, elle n'aurait pas dû évoquer ces dangers ! Maintenant, il était trop tard, elle ne pouvait plus rien contre la décision de Thésée. Elle ne pouvait que l'accepter, même si son cœur en tremblait d'appréhension.

Elle faillit encore dire…

Non, aucun conseil ne servirait. Son fils irait vers son destin, quelle qu'en soit l'issue.

Thésée lui sourit avec affection et ajouta :

– Rassurez-vous, mère, je ne ferai rien que ma conscience pourrait un jour me reprocher, je n'attaquerai jamais un innocent. Cependant, je ne me déroberai pas aux attaques, et je m'opposerai par la force à toute violence faite au peuple.

Éthra eut un geste de renoncement. Elle lisait dans les yeux de son fils que son esprit était déjà parti affronter les monstres menaçants.

Pourtant, à cet instant, Thésée ne pensait pas au danger, il pensait juste à la route à parcourir, et qu'il aurait quelque chose à faire en chemin.

Une chose essentielle, dont il rêvait depuis longtemps.

3
Une route pleine de surprises

Thésée n'eut pas à attendre les ennuis bien longtemps. À peine arrivé à Épidaure, il fut abordé par le brigand Périphétès, qu'on disait fils de Poséidon, le dieu de la mer. Mais enfin, s'il fallait croire tous les racontars !

En tout cas, l'horrible borgne boiteux avait l'habitude peu sympathique de massacrer les voyageurs pour les détrousser.

En apercevant le nouveau venu, il ne manqua pas de faire honneur à sa réputation. Il lui barra la route et leva sur lui son énorme massue.

Thésée l'arrêta d'un geste :

– Attends ! J'ai tellement entendu parler de toi ! Il paraît que ta massue est invincible, et qu'elle tue à coup sûr. Comprends-moi, je voudrais savoir de quelle arme je vais mourir, et si elle est vraiment en bronze. Car je n'y ai jamais cru. Fais voir, que je la soupèse…

Surpris, car c'était vraiment la première fois

qu'on lui demandait une chose pareille, Périphétès la lui tendit sans réfléchir.

Et boum, il se retrouva le crâne fracassé.

Thésée examina la massue :

– On a raison, elle est vraiment très très lourde. Tu ne m'en voudras pas si je te l'emprunte ? Là où tu es parti, tu n'en as plus besoin, on est bien d'accord ?

Sûr, le boiteux était d'accord : laisser perdre une aussi bonne arme aurait été stupide.

La jetant sur son épaule, Thésée reprit sa route le cœur léger. Les voyageurs seraient plus tranquilles sur ce chemin !

PLUS tranquilles, mais pas tout à fait en sécurité. Parce que l'isthme de Corinthe[1] était un passage obligé des plus périlleux.

Il lui y arriva deux ou trois bricoles, la plus marquante étant sa rencontre avec la dénommée Phaïa, une énorme truie d'un fichu caractère, qui estimait que l'endroit lui appartenait en propre.

D'ordinaire, ce sont les hommes qui estiment que la terre est à eux, sans s'inquiéter de savoir si d'autres y vivaient avant. Là, il y avait clairement conflit de propriété et, au rapport de force, les humains avaient perdu d'avance. Car l'épouvantable bête n'hésitait pas à tuer avec cruauté tous ceux qu'elle trouvait sur « son » territoire.

1. Isthme de Corinthe : bande de terre qui permet de passer de la presqu'île du Péloponnèse au reste de la Grèce.

Résultat : les paysans n'osaient plus aller dans leurs champs, toutes les terres étaient en friche, et ils mouraient de faim.

Quand Phaïa sentit, à des lieues de distance, qu'une créature à deux pattes foulait ses terres, son sang ne fit qu'un tour. Elle fonça.

Jamais cette charmante truie ne s'était méfiée de quoi que ce soit : elle était si lourde, si robuste, qu'aucun humain n'avait la moindre chance contre elle. Pourtant, ce jour-là, elle apprit qu'elle ne savait pas tout de la vie.

Enfin non, elle n'eut pas le temps d'apprendre que certains êtres à deux pattes étaient plus forts, plus malins et mieux armés que la moyenne. Un violent coup d'une redoutable massue l'envoya rejoindre le royaume des morts.

Soulagés et ravis, les paysans avertirent alors Thésée que la route n'était pas entièrement sécurisée pour autant, car un terrible bandit du nom de Sciron avait pris ses quartiers dans les rochers escarpés de la côte. Lui aussi prétendait être le fils d'un dieu, mais si c'était vrai, il ne faisait pas honneur à son père !

En tout cas, il avait pour sale habitude de s'asseoir sur un rocher, d'arrêter les voyageurs et d'exiger qu'ils lui lavent les pieds s'ils voulaient poursuivre leur route. Un genre de droit de passage, en quelque sorte.

Sauf qu'il ne respectait pas sa part du contrat.

Au moment où sa victime se penchait pour remplir la sienne, il lui envoyait un coup de pied monumental qui le projetait dans la mer… plus précisément dans l'estomac d'une tortue géante qui attendait son festin.

Bien prévenu, Thésée alla tranquillement à la rencontre de Sciron, et il accepta de lui laver les pieds. Il se pencha… et, au lieu de manier l'éponge, il attrapa l'affreux par les chevilles et l'expédia à la tortue.

Sans aucune gratitude pour celui qui l'avait nourrie pendant tant d'années, celle-ci lui fit le même sort qu'aux autres, et il finit au même endroit : dans son estomac.

Ce fut d'ailleurs son dernier repas, parce qu'elle n'eut ensuite plus personne pour la fournir en viande sur pied.

Assez content de lui, Thésée regarda alors vers le nord. Avant de se rendre à Athènes, il avait cette chose si importante à faire dans la montagne…

Oui, maintenant il se sentait prêt.

4

Le sanctuaire

Le chemin des collines était long. Thésée se nourrissait de fruits sauvages, de miel et de galettes de céréales que les habitants offraient aux pèlerins de passage. Il marchait tout le jour, ne s'arrêtant qu'au plus noir de la nuit pour dormir un peu au creux d'un rocher.

Enfin il aperçut le sanctuaire accroché à la montagne. Delphes ! Et tout en haut, le temple vénéré qui abritait l'omphalos – la pierre sacrée qui marquait le centre du monde[1].

Ce temple avait été fondé par le dieu de la musique et de la poésie, Apollon en personne. Ce fils de Zeus avait tué Python, le serpent qui régnait sur les lieux. Puis il avait installé à sa place une femme que, pour cette raison, on appelait « la pythie », un oracle chargé de répondre à sa place à ceux qui l'interrogeaient sur l'avenir.

1. C'est une vieille habitude : tous les peuples, des Chinois aux Aztèques, se croyaient au centre du monde.

Égée lui-même était venu consulter l'oracle de Delphes quand il désespérait d'avoir un héritier. Et enfin un enfant lui était né : Thésée.

Thésée qu'il ne connaissait pas.

Thésée qui redoutait de le décevoir.

Mais Thésée n'était pas là pour quémander, il ne voulait pas connaître son avenir, il voulait le construire de ses mains.

Le cœur plein d'un enthousiasme mêlé d'appréhension, il grimpa la voie sacrée en priant Apollon de l'accueillir avec bienveillance.

Arrivé en haut, il fut ébloui par la splendeur du grand temple, la majesté de ses hautes colonnes blanches et la beauté de l'immense statue d'Apollon qui veillait sur tous.

Le dieu avait des cheveux bouclés comme les siens, un très beau visage plein de bonté, et il portait sur son bras la lyre qu'Hermès lui avait donnée.

Hermès ! Le messager des dieux, protecteur des voyageurs !

Rassuré par ce signe favorable, Thésée sortit du fourreau l'épée de son père et, d'un geste décidé… coupa les boucles qui lui tombaient sur le front. Puis il les déposa aux pieds d'Apollon en le priant d'accepter son offrande et de le rendre plus fort pour affronter sa vie d'homme. Car, par ce geste, il quittait définitivement le monde de l'enfance.

Armé d'un courage nouveau, il redescendit de la montagne et prit la direction d'Athènes.

Courage que ne perçut pas tout de suite Cercyon, le brigand impressionnant de muscles qui parasitait la région d'Éleusis.

C'était un homme charmant, qui avait coutume de serrer dans ses bras les étrangers de passage… jusqu'à les étouffer.

Et, puisqu'ils étaient morts, il s'appropriait leurs bagages. Autant ne pas les laisser perdre, hein ?

En apercevant sa future proie, Cercyon se réjouit. Se conformant à sa vieille habitude, il lança :

– Hé ! toi ! À te voir comme ça, j'ai peur que tu ne sois plus fort que moi. On se mesure à la lutte, pour voir ?

Thésée s'informa d'un air intéressé :

– Et qu'est-ce que j'y gagnerais ?

– Si tu remportes la victoire, je t'offre un magnifique cadeau.

Et Cercyon mit ses mains en avant, dans une position de lutte un peu maladroite, de manière à encourager le voyageur à l'affronter.

Thésée connaissait de réputation ce prétendu fils de Poséidon (décidément, combien avait-il de fils, celui-là ?) ou bien d'Héphaïstos, le dieu forgeron, on n'était pas très fixé. Mais lui le voyait plutôt comme fils de la fange.

C'est pour ça qu'il le renvoya directement à sa fange.

Comment ? Il profita de sa position faussement

balourde et, au lieu d'utiliser une prise classique de lutte, il le saisit aux genoux et le projeta dix pas plus loin… sur un rocher où le brigand se fendit le crâne.

C'est ainsi qu'il cessa de vivre sur le dos des voyageurs, et de vivre tout court.

Oui, Thésée avait mérité le nom d'homme. Il pouvait maintenant se présenter sans honte devant son père.

À cette pensée, son cœur se mit à battre plus vite, car Éleusis n'était pas très loin d'Athènes.

À l'exemple d'Héraclès, Thésée avait débarrassé la contrée de tous ses nuisibles et n'en avait aucun remords. Toutefois, avant de rencontrer son père, il préféra se baigner dans le Céphise, le fleuve d'Athènes, pour se purifier de tout ce sang versé.

Puis il enfila ses sandales d'or.

On était au huitième jour du mois de Cronius[1]. Le moment était venu. Et malgré son courage, il sentit son cœur vaciller. Comment Égée l'accueillerait-il ?

Car Thésée ne connaissait pas Athènes, il ne savait rien de la cité… et encore moins de ce qui se tramait à cet instant au palais.

1. Cronius : mois à cheval sur juillet et août.

5

Le piège

En sortant du Prytanée d'Athènes (l'ancêtre de nos hôtels de ville), Médée vit un étranger se diriger vers le palais. Elle se pétrifia sur place. Ce jeune homme qui fixait, émerveillé, la hauteur escarpée de l'Acropole[1] où se tenaient le palais royal et le sanctuaire d'Athéna, ressemblait... à Égée !

Elle ne savait pas si d'autres l'avaient remarqué, mais il ne fallait pas qu'il arrive jusqu'au palais ! Parce que le bruit courait qu'Égée avait un fils, et que celui-ci pourrait hériter du trône.

Et ça, il n'en était pas question !

Elle-même était l'épouse du roi et en avait aujourd'hui un fils – hélas encore trop jeune pour pouvoir prendre sa place. Il fallait éliminer l'intrus !

Elle marcha vers lui et, affichant une expression admirative, l'arrêta :

1. Acropole : « ville haute », citadelle d'Athènes.

– Étranger, ce sont les dieux qui t'envoient ! Je vois à ta stature et à ton regard que tu es l'incarnation de la vaillance. Tu es donc venu pour nous débarrasser du taureau de Marathon !

Tout préoccupé qu'il était par sa prochaine rencontre avec son père, Thésée mit un moment à comprendre ce qu'elle disait.

– Du… taureau ?

– Une bête immonde, enchaîna Médée, qui terrorise toute la plaine de Marathon.

Thésée ignorait qui était cette femme, mais il ne pouvait pas se permettre d'hésiter. Il acquiesça donc :

– Oui, bien sûr, le taureau… Mon devoir est de vous en débarrasser.

Et il sortit son épée pour montrer sa résolution. Dire qu'il lui fallait remettre à plus tard le projet qui lui tenait le plus à cœur !

Médée blêmit. Cette épée était sûrement celle qu'Égée avait laissée sous le rocher de Trézène ! Le souffle court, elle suivit des yeux le jeune homme qui avait fait demi-tour et s'éloignait.

Il ne se retournait pas, ne ralentissait pas… Elle avait gagné !

Le soulagement l'envahit. Elle était débarrassée du gêneur. Adieu ! Il allait se faire tuer par ce taureau dont personne, jamais, n'était venu à bout.

Mais elle ignorait à qui elle avait affaire, car

quelques jours plus tard, elle vit Thésée revenir, menant le taureau sauvage par une solide courroie. Sur le chemin, tout le monde l'arrêtait pour s'exclamer et le féliciter.

Affolée, Médée alla vite rejoindre Égée sur la terrasse du palais :

– Mon roi ! Vois ce jeune homme, là-bas ! J'ai appris qu'il complotait pour prendre ton trône, aussi je lui ai dit qu'il ne pourrait entrer au palais que s'il accomplissait l'exploit de capturer le taureau de Marathon. Et voilà qu'il a réussi, cela prouve combien il est dangereux !

Les complots étant fréquents, Égée ne mit pas en doute ses paroles et décida :

– Il faut l'éliminer immédiatement.

– Je vais donner des ordres pour qu'on ne le laisse surtout pas entrer ! déclara sa femme.

Égée l'arrêta :

– Non non. Attends. S'il a réussi à capturer le taureau, les gardes risquent de ne pas en venir à bout. Invitons-le plutôt à partager une coupe de vin. Le poison sera plus sûr. Je te fais confiance pour préparer ce qu'il faut.

En effet, Médée était magicienne et s'y connaissait en plantes, celles qui guérissaient aussi bien que celles qui ôtaient la vie. Et, bien sûr, c'est parmi ces dernières qu'elle choisirait de quoi parfumer le vin de Thésée.

Ne se doutant de rien, le jeune vainqueur

accepta l'invitation du roi à fêter son acte d'héroïsme, avec le secret espoir qu'Égée le reconnaîtrait sans qu'il ait à se présenter.

Médée le conduisit elle-même à la salle d'honneur, le mégaron, avant que le roi n'y paraisse. Et elle le fit attendre derrière la table, pour qu'Égée ne voie ni ses sandales ni son épée.

Il est toujours difficile à un homme de percevoir sa propre ressemblance avec un autre, mais c'était bien pire au temps où les miroirs n'étaient que des plaques de bronze poli, très peu efficaces.

Égée versa lui-même le poison mortel à son hôte en commentant :

– Par ce nectar que Dionysos, dieu du vin, a eu la générosité de donner aux hommes, je fête le vaillant guerrier qui, tel Héraclès, a débarrassé la contrée d'une terrible nuisance !

Et il leva sa coupe.

Thésée fit de même et acquiesça :

– Je l'ai pris à mains nues, pour ne pas souiller l'épée de mon père.

Et, en prononçant ces mots, de son autre main, il posa son arme sur la table. Puis il porta la coupe à ses lèvres.

Sidéré, Égée eut le réflexe de lui arracher celle-ci des mains, et il jeta son contenu sur le sol en disant :

– Je m'aperçois que mes serviteurs se sont trompés de vin. Celui-ci n'est pas le meilleur.

Il renversa aussi sa propre coupe sur les dalles et remplit les deux au grand cratère[1] qui contenait le bon vin – aromatisé et coupé d'eau comme le voulait l'usage.

S'approchant alors de son invité pour trinquer, il remarqua les sandales d'or. Il demanda d'une voix blanche :

– D'où tiens-tu cette épée et ces sandales ?

– Ce sont celles de mon père, répondit Thésée. Il les avait laissées pour moi à Trézène, sous un rocher. Ma mère me l'a révélé il y a peu.

– Ta mère..., répéta Égée, maintenant sur le qui-vive. Qui est donc ta mère ?

– Elle est la fille du roi de Trézène et s'appelle Éthra.

Un sourire plein de bonheur illumina le visage d'Égée :

– Mon fils ! Par tous les dieux, j'ai bien un fils ! Et si j'en crois ce taureau captif au bas de nos marches, un fils digne de régner sur Athènes !

Et il serra Thésée sur son cœur.

Puis, reprenant ses esprits, il se tourna vers sa femme :

– Traîtresse, tu voulais me faire assassiner mon propre fils ! Je te bannis à jamais de ces lieux ! Retourne au royaume de ton père, et que je ne te voie plus ici ! Voici venu le nouveau roi d'Athènes !

1. Cratère : très grand vase à large ouverture. On ne buvait jamais le vin pur.

Mais le destin est capricieux, il est rarement ce qu'on imagine, et très vite viendrait le temps où Égée devrait laisser son fils s'éloigner.

6

La décision de Thésée

Dans la salle du trône, Égée faisait les cent pas sous les boucliers de ses ancêtres accrochés au mur. Sa tunique de pourpre ne tombait pas aussi dignement que d'ordinaire, ce qui trahissait de terribles tourments.

Le temps avait passé trop vite ! Chaque jour il avait béni le destin de lui avoir envoyé un fils tel que Thésée, vaillant, intelligent, franc et cordial, généreux, s'entendant avec tous… Il n'avait pas assez de mots pour le qualifier. Et aujourd'hui…

Toujours ferme dans sa décision, Thésée, répéta :

– Je dois y aller, père. Il n'y a aucune autre solution.

– Y aller ! s'emporta Égée. Tu es le futur roi d'Athènes, le plus apte à régner sur notre brillante civilisation, tu ne peux pas être offert en sacrifice à cette maudite bête ! Un monstre sanguinaire à corps d'homme et tête de taureau !

Thésée prit un ton amusé :

– Je ne serai pas sacrifié, père, je vous l'ai dit. Car je vais tuer le Minotaure.

Il saisit un javelot au râtelier de l'entrée et mima le geste de transpercer un ennemi.

Cela ne rassura pas son père, qui grommela :

– Que le roi de Crète soit damné ! Ce Minos nous fait payer beaucoup trop cher la mort de son fils.

Et, de colère, il frappa du poing une des hautes colonnes rouges qui soutenaient le toit.

Thésée remarqua d'un ton conciliant :

– Rappelez-vous que c'était un admirable athlète, père, il a remporté tous les prix aux grandes Panathénées[1]. Et il a été assassiné sur vos propres terres par des concurrents jaloux ! Qu'auriez-vous fait si j'avais été tué dans de telles conditions ?

– Oui... oui, bougonna Égée. Mais nous obliger, à cause de cette erreur, à livrer tous les neuf ans sept jeunes garçons et sept jeunes filles en pâture à ce monstre !

– Une « erreur », père ? Vous oubliez que les dieux ne l'ont pas considéré ainsi. Or les dieux connaissent le cœur des hommes. Pour punir cette traîtrise, ils ont retiré leur appui à Athènes, provoquant sécheresses et maladies, souvenez-vous-en. Et cela jusqu'à ce que la cité se soumette aux réparations demandées par Minos. Nous devons respecter nos engagements.

1. Panathénées : ancêtres des Jeux olympiques, ces grandes fêtes se déroulaient à Athènes en l'honneur d'Athéna.

Thésée disait « nous » pour montrer qu'il se considérait, en tant qu'héritier du trône, tout aussi responsable que son père, même s'il n'était évidemment pour rien dans l'affaire.

Il observa un instant le javelot, puis le reposa à sa place. Pour affronter l'être mi-homme mi-taureau, il n'aurait droit à aucune arme. Il reprit :

– Croyez-moi, le seul moyen d'en finir avec ce terrible malheur est d'éliminer le Minotaure. Ainsi, il ne dévorera plus personne.

Le dos courbé, Égée marcha vers le trône, appuya ses mains sur les accoudoirs et se laissa lourdement tomber sur la housse brodée. Puis, posant ses pieds sur l'escabeau, il fixa longuement le plafond, le soleil et la lune en or qu'il y avait fait peindre. Enfin il soupira :

– Je sais que tu as raison. Si les dieux m'ont accordé un héritier au bout de si longues années, c'est qu'ils lui réservaient un grand avenir. Mais tu n'empêcheras pas un père de trembler pour son fils. Et la cité a tant besoin de toi !

– Et j'ai bien l'intention de la servir, répliqua Thésée. Faites-moi confiance, père, je donnerai à Athènes la richesse, la paix et la prospérité, comme le doit un bon souverain. (Un silence.) Dès que l'homme-taureau aura cessé de nuire.

Il prit la cruche sur la table basse marquetée de nacre et d'or, versa du vin dans deux coupes d'or à haut pied et en tendit une à son père :

– Fêtons plutôt mon départ !

Égée leva sa coupe avec lui et en but une gorgée, mais sans prononcer un mot. Il en était incapable.

Thésée jeta un dernier regard aux statuettes d'ivoire qui veillaient sur eux du haut des étagères, aux figurines de terre cuite et aux dieux de bronze qu'il ne reverrait peut-être jamais, puis il reposa la coupe en décrétant :

– Je vais me préparer.

Et, sans laisser à Égée le temps de s'y opposer une dernière fois, il franchit la porte à double battant et traversa l'antichambre.

Il ne s'arrêta que dehors, sous le portique, et respira profondément l'air frais du matin.

La meilleure manière de ne pas laisser la peur gagner, c'était de ne pas se représenter le danger, de se concentrer juste sur la manière de le vaincre. Bien qu'il n'en ait rien dit, il était conscient qu'il ne reviendrait peut-être jamais de cette périlleuse expédition.

Il ne fallait pas y penser. Jusqu'à présent, le sort s'était montré favorable. Son grand-père lui avait prédit un jour un destin hors du commun, c'était le moment de s'y confronter !

Car on ne pouvait se contenter d'être né roi, il fallait le mériter, il se le répéta une nouvelle fois.

C'est pour cette raison aussi qu'il affronterait le Minotaure.

7

Triste départ

Une heure après, Égée ressortait du palais avec Thésée. Sa démarche semblait celle d'un vieillard, tant l'idée de perdre son fils lui était insupportable.

En descendant de l'Acropole, il ne put s'empêcher de souffler :

– Réfléchis encore…

– C'est tout réfléchi, père. Regardez ces parents qui se dirigent comme nous vers l'Agora[1] pour le tirage au sort, ils ont le visage défait, eux aussi tremblent à l'idée que le nom de leur enfant sorte de l'urne. Mais vous, vous êtes le roi, vous êtes plus fort que tous !

Égée baissa la tête. Il avait vécu assez longtemps pour connaître la valeur de la vie, cependant son fils avait raison sur un point : il devait montrer l'exemple. Aussi, c'est la tête haute qu'il monta sur la Pnyx, la plate-forme rocheuse qui surplombait

1. Agora : grande place située au pied de l'Acropole, où avaient lieu les marchés et les assemblées.

l'Agora et d'où les orateurs haranguaient la foule. Et il annonça d'une voix ferme :

– Neuf ans ont passé, et l'heure est de nouveau venue de tirer au sort ceux de nos enfants qui feront le difficile voyage de Crète. Mais avant cela, je vous informe que le hasard aura un otage de moins à désigner. Car mon fils Thésée se porte volontaire pour le voyage. Et il compte affronter le Minotaure, pour que nous n'ayons plus jamais à revivre ce cauchemar.

Il y eut un murmure stupéfait dans l'assistance, suivi de « hourra ! », chacun espérant confusément que le sacrifice du prince profiterait à son propre enfant.

Dans une grande urne ornée d'une balance, on jeta alors les noms de tous les garçons et les filles d'Athènes en âge de partir. On secoua l'urne, et l'on en sortit les noms un par un...

À mesure qu'ils entendaient le leur, les jeunes se mettaient à trembler, ou à pleurer. Malgré tout, s'arrachant aux gémissements de leurs parents, ils venaient se ranger derrière Thésée, caressant le vague espoir que leur prince les sauverait.

Puis les quatorze jeunes gens choisis se dirigèrent en cortège vers le temple.

La ville était impressionnante de silence. Le stade était désert, les chaudronniers évitaient de frapper sur le métal, les potiers n'actionnaient plus leur tour, aucun enfant ne jouait à saute-mouton, au lancer de noix ou à la marelle. On avait même roulé les plaques de cuir d'ordinaire étalées près des portes, toujours prêtes à accueillir une partie de cailloux.

Sans manifester la moindre anxiété, Thésée conduisit les jeunes jusqu'au sanctuaire d'Apollon. Là, chacun offrit au dieu une branche de l'olivier sacré nouée d'une bandelette de laine blanche, le suppliant intérieurement de le garder en vie.

Thésée s'adressa alors à eux pour leur dire qu'il comptait sur leur courage, afin que leur cité n'ait pas à rougir de ses enfants. Que s'ils restaient unis et respectaient scrupuleusement ses consignes, ils reverraient un jour leur ville, et en héros !

Les cœurs s'allégèrent, les esprits s'apaisèrent.

Et puis le chemin était encore long pour arriver en Crète…

Seules deux jeunes filles, transies de peur, ne pouvaient s'arrêter de trembler. Thésée appela d'un geste deux amis qui les suivaient de loin et qu'il savait courageux, même s'ils étaient encore trop jeunes pour avoir de la barbe. Et il leur proposa un marché.

Il suffisait que Thésée demande pour qu'on accepte, et c'est ce que firent les deux garçons, avec bonheur et fierté.

– Merci pour votre bravoure et votre grandeur d'âme, leur dit le prince, je ne l'oublierai pas.

Puis il les prit à part :

– Ces deux jeunes filles ne parviennent pas à se calmer, elles pourraient gâcher nos chances de revenir vivants. Vous n'avez pas encore de barbe, vous pourrez passer pour elles. Enfilez leurs vêtements, prenez des bains chauds pour assouplir votre peau, parfumez-vous les cheveux et entraînez-vous à vous tenir comme des femmes et à imiter leur voix. Et durant le voyage, ne vous exposez pas au soleil, de manière à éclaircir votre teint[1].

La dernière nuit à Athènes fut difficile pour tous, même pour Thésée. Il dormit si mal qu'il se retrouva au matin sur les lanières du sommier, les peaux servant de matelas emmêlées par terre avec les fourrures qui lui servaient de couvertures.

Ce qui l'agitait n'était pas la peur, c'est qu'il repassait sans cesse dans sa tête les détails de son projet, pour en déceler les éventuels défauts. Pourvu que son plan fonctionne !

À la pointe du jour, il fit verser de l'eau chaude dans sa baignoire, se lava avec soin comme si c'était la dernière fois, puis s'enduisit le corps d'huile et se parfuma à la myrrhe. Enfin il enfila une simple tunique blanche, la ceintura d'une

1. Jusqu'à une époque très récente, et dans de nombreux pays, les femmes devaient avoir le teint clair. Cela prouvait qu'elles ne travaillaient pas à l'extérieur et faisaient donc partie de la bonne société.

lanière de cuir et attacha sur sa nuque ses cheveux bouclés.

À l'heure où les servantes éteignaient les torches, il referma avec émotion la porte de sa chambre, fit glisser le verrou, tira sur sa courroie et la noua à l'anneau extérieur. Puis il pria les dieux de le laisser revenir un jour la dénouer, et il quitta le palais.

Un à un, les jeunes désignés par le sort sortaient des maisons pour le rejoindre sur l'Agora. Personne ne parlait.

Quand ils furent tous là, les otages descendirent avec dignité vers le port du Pirée.

L'endroit d'ordinaire si vivant semblait pétrifié. Les amphores de vin et les jarres d'huile d'olive sommeillaient sur le quai, les sacs de grain n'avaient pas été déchargés des bateaux.

Toujours sans un mot (de peur, peut-être, de fondre en larmes à la moindre parole), les jeunes s'embarquèrent sur le sinistre bateau.

Sa large voile rectangulaire était noire, signe de deuil.

Égée s'avança alors en portant un gros paquet. Il le confia au pilote en déclarant d'une voix assez ferme pour masquer son émotion :

– Nous avons confiance en nos fils, mais pour abréger l'anxiété qui sera la nôtre pendant leur absence, hissez cette voile blanche si vous les ramenez sains et saufs, que nous puissions la voir de loin.

Puis il se retira sans rien ajouter, se refusant à serrer une dernière fois Thésée dans ses bras, pour ne pas marquer de différence avec les autres otages.

Groupés sur le quai, les parents, muets de douleur, priaient, les yeux fermés. On était au sixième jour de Munychion[1], et leurs enfants s'en allaient.

1. Munychion : avril-mai.

8

Au palais du roi Minos

– Tu as une jolie voix, Ariane, dit Phèdre en rapprochant la corbeille d'argent sur roulettes où s'entassaient leurs laines de couleur. J'aime bien quand tu chantes.

Sans s'arrêter de tisser, son aînée répondit en riant :

– Merci, ma sœur. Je ne sais pourquoi mais, aujourd'hui, je me sens heureuse. Comme s'il allait m'arriver quelque chose d'extraordinaire. Je trouve que tout est beau (elle respira à pleins poumons). J'aime le délicieux parfum de cèdre des boiseries de cette chambre, ce tissu si doux, le jardin qui explose de fleurs prodigieuses de beauté.

– Des « délicieux » et des « prodigieuses » ? Ma parole, on te croirait amoureuse !

– Amoureuse ? s'amusa Ariane. Et de qui, je te prie ?

– Alors ça… c'est à toi de me le dire.

Ariane réfléchit, puis elle secoua la tête :

– Non, vraiment, de personne.

À cet instant, une servante ouvrit la porte :

– Maîtresses ! Le navire à la voile noire est à l'approche !

Elle n'en dit pas plus, ressortant aussitôt pour aller porter la nouvelle dans tous les coins du palais. Et il y avait du travail, car le palais du roi de Crète comptait mille trois cents pièces !

Les deux jeunes filles se regardèrent, puis Ariane soupira :

– Non, ce n'est pas un si beau jour, car des innocents vont mourir.

– Des innocents ? réagit Phèdre. Ils sont grecs ! Ils ont assassiné lâchement notre frère Androgée, le plus bel athlète que la terre ait porté ! Il est normal qu'ils en payent le prix.

Ariane secoua la tête :

– Ceux qui vont mourir ne sont pas ceux qui se sont rendus coupables du crime.

– Ils sont athéniens, cela me suffit ! protesta Phèdre. Ils seront sacrifiés au Minotaure pour venger Androgée !

– Il est vrai que le Minotaure aussi a droit à des égards, reconnut Ariane. Il est notre demi-frère, même si notre mère l'a enfanté avec un taureau.

Phèdre frissonna :

– Ne m'en parle pas. Avec sa tête d'animal et son corps d'homme, il me terrifie.

– De quoi t'inquiètes-tu ? demanda Ariane.

Nous ne le rencontrerons jamais. Minos, notre père, a veillé à ce qu'il ne puisse pas quitter le labyrinthe où il l'a enfermé, il en a trop honte.

Phèdre s'étonna :

– Pourquoi père en aurait-il honte ? Le roi n'est pas coupable de la faute de la reine !

Ariane regarda autour d'elle pour s'assurer qu'aucune oreille indiscrète ne pouvait les entendre, puis elle chuchota :

– Si, il a quelque chose à se reprocher. En réalité, tout est sa faute. Le dieu Poséidon lui avait fait cadeau d'un magnifique taureau blanc pour qu'il le lui sacrifie. Mais Minos l'a trouvé si beau qu'il l'a gardé et en a sacrifié un autre à sa place. Poséidon en a été furieux, et il l'a puni en influençant l'esprit de notre mère Pasiphaé pour qu'elle tombe amoureuse de l'animal.

Elles s'interrompirent en entendant la porte s'ouvrir.

C'était une servante, qui les prévint :

– Votre père vous prie de l'accompagner au port pour accueillir le navire athénien. L'événement ne se produit que tous les neuf ans, et il tient à lui conférer un certain apparat.

– De l'apparat ? ironisa Ariane. Pour magnifier les offrandes au Minotaure ou pour consoler les innocentes victimes ?

– Les deux, observa Phèdre. En traitant bien les victimes, on valorise l'offrande. Dépêchons-nous, j'ai hâte de voir ces jeunes gens. La dernière fois qu'un groupe est venu, nous n'avions pas l'âge d'être admises au côté de notre père.

Ariane se rebiffa :

– Je ne veux pas y aller ! J'aurais l'impression de me réjouir d'un spectacle ignoble et de donner raison à notre père.

– Et que crois-tu ? se moqua Phèdre. Que tu as le choix ? Tu ne l'as pas : c'est un ordre. Et puis, toute seule ici, tu te rongerais les sangs de ne rien savoir.

– Tu me connais trop bien, soupira Ariane. Mais je me ferai aussi discrète qu'une veuve, je porterai le deuil.

– Tu n'en fais pas un peu trop, là ? Moi, je me maquille et je mets ma plus belle robe, la verte à volants bleus. Et mes bottines vertes. Et mon voile bleu.

Ariane ne répondit pas. Tandis que sa sœur enfilait un costume de fête, elle s'enroula dans un long pagne droit, sans aucun ornement, et glissa ses pieds dans de simples sandales.

Avant de sortir, elle choisit un châle noir, comme la voile du navire, et s'en enveloppa.

9
Le bateau noir

Les deux filles de Minos remontèrent les couloirs compliqués qui desservaient les appartements des femmes, Phèdre courant presque tant elle avait hâte de voir les prisonniers, Ariane d'un pas contenu.

L'une derrière l'autre, elles descendirent enfin le dernier escalier, celui qui donnait accès à la grande cour.

Cette vaste cour, qui accueillait de somptueuses fêtes, faisait la fierté de leur père. Mais pour Ariane, y recevoir aujourd'hui les otages n'aurait rien d'une fête. Elle préférait de loin les spectacles qu'on y donnait d'ordinaire, son préféré étant le saut de taureau. On installait des gradins tout autour et on y prenait place pour bien voir. Son cœur palpitait quand les compétiteurs saisissaient les cornes de l'animal, franchissaient son dos en un élégant saut périlleux et retombaient derrière lui.

Hommes et femmes étaient aussi forts à ce jeu

et, même s'il y avait parfois des accidents, personne n'aurait laissé sa place. Le taureau était l'animal le plus respecté, le plus puissant, le symbole de la royauté.

D'ailleurs, ses cornes étaient reproduites un peu partout sur les murs. Ici pour protéger le palais et le temple, là pour veiller sur les précieux sacs, jarres et amphores de nourriture stockés dans les magasins encadrant la cour.

Mais ce symbole d'honneur, de force et de richesse serait aujourd'hui pour les Athéniens celui du malheur : ils allaient être livrés à l'homme-taureau.

Le cortège déjà formé les attendait à la sortie de la cour, prêt à emprunter la large voie menant des hauteurs du palais à la mer. En tête, le roi Minos, impassible sur son char, fixait le lointain d'un air impénétrable.

S'il avait choisi de descendre au port au lieu d'attendre ses « hôtes » dans la salle du trône, c'est qu'il espérait que Poséidon, voyant qu'il honorait au mieux le fils du taureau blanc, lui serait de nouveau favorable.

Ses filles montèrent dans leur char, attelé de deux beaux chevaux noirs, et Ariane prit les rênes pour rejoindre les attelages de leurs frères. Ceux-ci se moquèrent :

– Ah quand même ! Il vous en faut du temps pour vous préparer !

Ils étaient coiffés exactement comme elles. Leurs longues boucles couvraient leurs épaules tandis que, sur le crâne, leurs cheveux coupés court étaient tenus par un bandeau. Et ils portaient autant de bijoux que Phèdre, colliers et bracelets d'or. Ariane, elle, n'en avait mis aucun.

Phèdre désigna le pagne pourpre de ses frères, qui formait une pointe devant les genoux, et ironisa :

– C'est que nous avons du travail, NOUS. Nous ne nous contentons pas d'enfiler un vêtement comme vous le faites. Si nous voulons une robe, nous devons d'abord en fabriquer le tissu, puis le couper et le coudre.

Un frère plaisanta :

– Ne me dis pas qu'Ariane s'est beaucoup fatiguée, on croirait une veuve !

Phèdre expliqua d'un ton légèrement ironique :

– Elle porte le deuil des Athéniens.

Sa réflexion provoqua un silence surpris. Mais à cet instant, le cortège s'ébranla, et chacun se concentra sur la conduite de ses chevaux. La longue file des chars entamait la descente vers le port, Héraklion.

De partout, les habitants accouraient pour profiter du spectacle : celui du cortège royal qui descendait, puis celui des prisonniers qui remonterait. Sur la mer, les pêcheurs, qui avaient aussi aperçu la voile noire, se dépêchaient de rentrer au port.

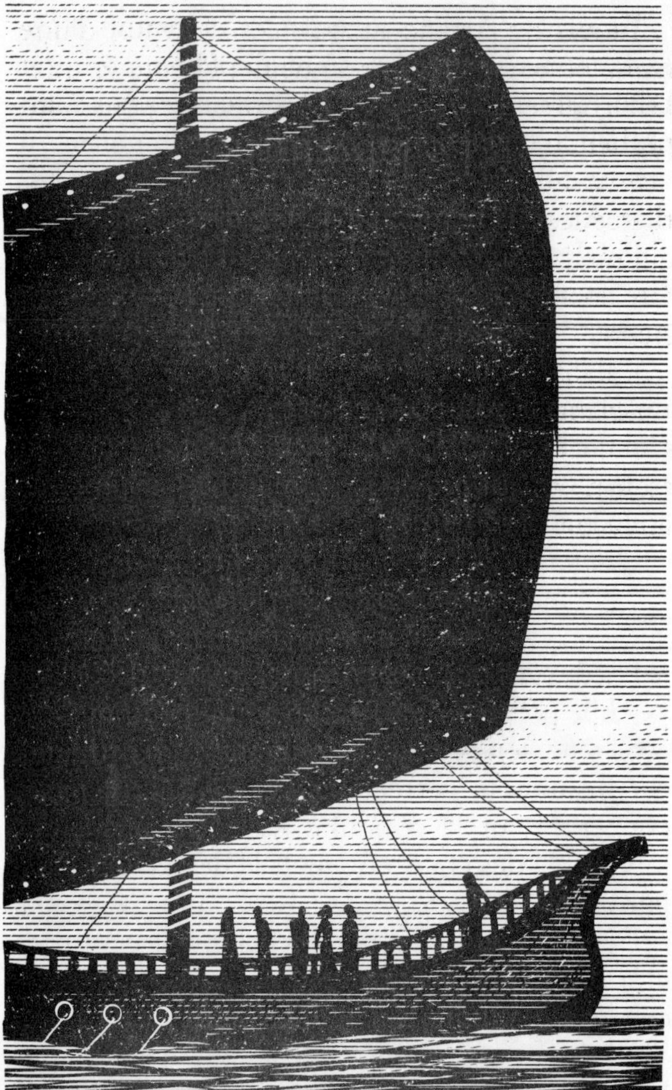

Tandis qu'Ariane menait les chevaux d'une main ferme sur la pente sinueuse, Phèdre scrutait l'eau, qui semblait tout exprès étinceler pour l'empêcher de voir au loin.

Enfin elle repéra ce que les guetteurs avaient distingué les premiers sur la mer : une tache sombre qui semblait fendre les rayons du soleil, ou peut-être les absorber dans un trou noir. Elle souffla à sa sœur :

– Tu as raison, cette voile de deuil serre le cœur.

Ariane n'eut pas la force de répondre. Le bateau s'approchait avec bravoure de la côte et, même s'il était noir, il lui semblait lumineux. Son cœur se mit à battre follement.

10

Douce et cruelle arrivée

Le bateau accosta au moment où le cortège royal arrivait au port. Thésée souffla aux matelots :

– Repliez simplement la voile au bas du mât et attendez-nous ici. Et n'oubliez pas : ne repartez que si vous êtes SÛRS que nous sommes TOUS morts.

Puis il fit descendre la passerelle et, profitant du grincement du bois, chuchota à ses compagnons :

– Prenez un air bien effondré, et terrifié de devoir être livrés au Minotaure.

Une fille murmura :

– Pas besoin de faire semblant. Nous sommes vraiment terrifiés. Parce que si ton plan ne fonctionne pas, nous finirons sous la dent de l'homme-taureau.

Thésée ne prit pas le temps de répondre, la planche était en place, et il ne voulait pas avoir l'air d'hésiter.

La tête haute, il s'engagea le premier sur la passerelle et mit le premier le pied sur la grève.

Sans un mot, un à un, les autres suivirent.

Minos s'avança alors sur son char, suivi par les princes, les princesses et les seigneurs les plus importants de sa cour.

Le chef de la délégation salua d'un bref mouvement de tête :

– Je suis Thésée, prince d'Athènes. J'amène avec moi les treize autres otages.

Surpris, Minos répéta :

– Treize autres… Cela signifie-t-il que le roi Égée sacrifie son propre fils ?

– Le roi Égée n'est pas au-dessus des lois, répondit Thésée. Et celles de la guerre veulent qu'on respecte les traités.

Il omit bien sûr de préciser qu'il avait dû forcer la main à son père, et qu'il n'avait aucune intention de se laisser sacrifier comme le mouton sous le couteau.

Ses yeux tombèrent alors sur une jeune fille de la suite du roi, sobrement vêtue, mais avec un port de reine. De ses grands yeux d'un noir profond, elle le contemplait avec un peu d'effroi et autre chose qu'il ne savait définir. Ce regard le frappa au cœur, et le visage aussi, la grâce des mains, le tombé du pagne, la délicatesse des petits pieds dans de simples sandales tressées.

Minos le ramena à la réalité :

– Il semble que le roi Égée ait un héritier digne de son nom. Je ne te vois pas trembler.

– C'est que je n'ai aucune raison d'avoir peur, répliqua Thésée. Le Minotaure ne me mangera pas.

Minos rit :

– Voilà un jeune présomptueux ! Ta viande serait-elle donc trop puante ?

– Trop coriace, répliqua Thésée sans préciser ce qu'il entendait par là.

Minos se moqua :

– Tu ignores ce que sont les dents de l'homme-taureau. Tes os craqueront dessous tout comme ceux des autres.

Thésée ne riposta pas. Inutile que Minos se doute qu'il avait véritablement l'intention de tuer le Minotaure. Le roi de Crète croyait à coup sûr la chose impossible.

Mais si Thésée faisait montre d'une telle confiance, c'est qu'il ne savait pas tout, hélas. Qui aurait pu l'informer de la situation réelle, puisque aucun otage n'était jamais revenu de sa confrontation avec le Minotaure ?

Il chercha de nouveau des yeux la si belle jeune fille, mais les gardes poussèrent les prisonniers en avant, vers un chemin aux contours redessinés par une foule compacte.

Les Athéniens marchaient le front haut pour faire honneur à leur cité, même si beaucoup d'entre eux étaient pleins d'angoisse.

Certains spectateurs les regardaient défiler sans un mot, d'autres criaient qu'ils avaient bien mérité leur sort, puisqu'ils avaient tué le flamboyant fils de Minos. Au passage, un vieux leur lança des insultes en désignant au loin un amas de rochers sur un coteau. Sur le moment, ils ne comprirent pas.

Grimpant à flanc de montagne, ils gagnèrent la magnifique voie dallée qui entrait dans la cité de Knossos.

Eux qui croyaient qu'Athènes était la plus belle ville du monde furent éberlués par la richesse et la beauté de celle-ci. Ses maisons à toits plats faisaient parfois quatre étages ! Et ces couleurs, cette richesse, la propreté des rues…

C'est qu'ils ignoraient que les tuyaux de terre cuite qui descendaient le long des façades étaient reliés dans le sol à des égouts. Un système d'évacuation des eaux usées dont les Grecs n'avaient encore pas la moindre idée.

Thésée releva la tête en entendant les sourdes exclamations de ses compagnons. On atteignait un escalier gigantesque, somptueux. Plusieurs longues volées de marches encadrées de colonnes rouges grimpaient avec lenteur et majesté vers ce qui devait être… le palais.

Extraordinaire ! D'admirables bâtisses à toits plats imbriqués les uns dans les autres s'accrochaient à la pente.

L'éblouissement ne s'atténua pas pour les prisonniers quand ils pénétrèrent dans son enceinte. La cour d'honneur était d'une taille exceptionnelle, entourée d'élégants édifices blancs à étages.

Quant à l'intérieur, il était encore plus surprenant : des pièces ornées d'innombrables fresques colorées : dauphins, bateaux, lions à tête d'oiseau, danseuses en longues robes à volants, prêtresses aux coiffures soignées… le tout judicieusement éclairé par des puits de lumière. Les femmes étaient représentées avec la peau blanche comme le lait, les rares hommes étaient rouges, brûlés par le soleil, ainsi que doivent l'être les travailleurs et les guerriers.

Thésée n'avait jamais rien vu d'aussi beau, il en avait oublié la raison pour laquelle il était là.

Oui, la Crète était une grande puissance ! La magnificence de sa capitale reléguait Athènes au rang de modeste bourgade, et ce palais aurait pu rendre jaloux n'importe quel roi de Grèce.

Thésée s'arrêta un instant devant une fresque qui montrait un énorme taureau avec, devant lui, une femme en tenue de sport prête à lui empoigner les cornes tandis que, derrière, une autre venait d'atterrir. Et un garçon passait en culbute sur son dos.

Arriverait-il, lui, à vaincre l'homme-taureau ? Parce qu'il ne suffirait pas de sauter par-dessus.

Il fut rappelé à l'ordre par un garde qui désignait

la porte… d'une vaste salle de bains. Les otages devaient y être lavés et frottés d'huile.

Hélas, ce n'était pas pour les honorer qu'on les purifiait ainsi, c'était pour offrir au Minotaure une viande irréprochable.

11

Le banquet des sacrifiés

– Vite, vite, ma plus belle robe ! s'écria Ariane.

La servante s'étonna :

– Vous avez changé d'avis, princesse ? Préparer la mort de beaux jeunes gens ne vous révolte plus ?

Ariane faillit répliquer, puis y renonça. Qu'aurait-elle dit ? Qu'elle était malheureuse comme les pierres de les voir partir pour la mort – surtout l'un d'eux, dont le visage ne la quittait plus –, mais qu'en même temps elle voulait leur faire honneur par sa tenue…

LUI faire honneur. Et, peut-être, qu'il la remarque ?

Les mains tremblantes, elle choisit une robe rouge à volants bordés d'or, bien cintrée pour mettre en valeur sa taille fine, et un voile d'un jaune vibrant. Puis elle courut rejoindre les invités au mégaron.

Avant d'entrer, elle demanda protection et

indulgence aux doubles haches gravées sur les portes et les colonnes, un symbole aussi sacré que le taureau.

L'atmosphère était un peu enfumée malgré l'ouverture aménagée dans le toit au-dessus du foyer central, et il y avait tant de monde qu'elle ne vit pas les prisonniers. Il faut dire qu'une partie de la salle lui était masquée par les colonnes rouges, énormes troncs de cyprès posés à l'envers et s'évasant vers le haut pour soutenir le toit.

La table de cèdre, incrustée d'épées et de casques miniatures en ivoire, était couverte de coupes d'or remplies de pistaches et d'amandes, mais aussi de fruits colorés – figues violettes, petites arbouses rouges, coings confits ou grenades. Sur les dessertes alignées le long des murs attendaient les jattes de légumes, de gruau[1], d'oignons et de fromage de chèvre.

Ariane prit sa place dans la file pour se faire verser de l'eau parfumée sur les mains. Dans le but évident d'éblouir ses « invités », son père avait ordonné qu'on utilise une aiguière[2] en or et, pour recueillir l'eau qui tombait, un plateau en argent.

Le regard d'Ariane fit de nouveau le tour de la salle. Et elle aperçut enfin les prisonniers… déjà vêtus de la tunique blanche des sacrifiés ! L'angoisse la pétrifia.

1. Gruau : bouillie d'avoine.
2. Aiguière : cruche à col élancé pour servir l'eau.

Chacun prit alors place sur un banc ou un tabouret d'ébène, selon son rang. Il n'y avait qu'un seul fauteuil, trônant à une extrémité et recouvert de fourrure : celui du roi.

Les otages, eux, étaient regroupés à l'autre bout… sauf Thésée qui, en tant que prince du rang le plus élevé, avait l'honneur d'être placé à côté… de la fille aînée du roi !

Ariane eut du mal à s'approcher, à s'asseoir, à respirer, à tout. Elle était à la fois pleine de bonheur et terrifiée. Elle percevait sur son bras la chaleur qui émanait de Thésée, même s'il n'était pas assez proche d'elle pour que ce soit possible. Elle sentait son parfum, son énergie, ça lui faisait vibrer le cœur et lui ôtait ses forces.

Elle mit du temps à réagir quand Minos leva sa coupe à la santé du fils du taureau blanc. Ses jambes tremblaient si fort qu'elle put à peine se mettre debout et se rassit au plus vite.

Pas une fois elle ne tourna les yeux vers le fils du roi d'Athènes. Elle ne dit pas un mot, ne toucha à aucun fruit et n'entendit rien du poème chanté par l'aède s'accompagnant à la lyre. Tout ce qui emplissait sa tête était : « Que faire ? »

Elle n'avait même pas remarqué que Thésée ne lui avait pas non plus adressé la parole.

Les serviteurs posèrent sur la table du pain, des escargots, des plateaux de poissons et de viandes où chacun piocha avec les doigts. Mais pas Ariane.

Ni les otages qui, à vrai dire, n'avaient pas le cœur à manger.

Puis une délicieuse odeur de viande grillée monta du foyer central où des brochettes rôtissaient sur les chenets d'argile et, le vin aidant, ce fumet ouvrit l'appétit aux Athéniens. Ils oublièrent un instant pourquoi ils étaient là et commencèrent à manger.

Cela soulagea Minos : il ne pouvait pas se permettre d'offrir au Minotaure un repas trop maigre !

Puis les pirouettes de deux acrobates, rythmées par des chants, achevèrent de détendre l'atmosphère, et les otages profitèrent pleinement des pâtes de caroube[1].

Seul Thésée ne mangea rien. Il ne pouvait se lasser de regarder Ariane – qui, hélas, n'avait pas tourné une seule fois la tête de son côté.

1. Caroube : fruit du caroubier. Genre de haricot sucré dont on fait sécher la pulpe.

12
La révélation

Le cœur de Thésée bondit. Ariane avait enfin posé son regard sur lui ! On venait d'allumer les torches qui, gorgées de résine de pin, crépitaient gaiement.

Sitôt qu'ils se furent trouvés, leurs yeux ne se lâchèrent plus. Puis ils prononcèrent quelques mots, rien d'essentiel. Ils parlèrent juste de la beauté du palais, de l'infini de la mer et de l'éternité de la mort.

Enfin Thésée osa prendre vraiment la parole :

– Toi qui es si belle, dis-moi pourquoi tes yeux sont si tristes.

– C'est que… tu dois périr demain, et que… je ne sais pas… (elle rougit) comment j'y survivrai.

Elle avait fini très vite, et les mots moururent sur ses lèvres.

Thésée souriait sans s'en apercevoir. Puis il dit en secouant la tête :

– Je ne mourrai pas.

Un court instant, l'espoir emplit le cœur d'Ariane. Elle voulait tant y croire ! Un court instant seulement, parce que son bonheur s'effondra aussitôt : personne, jamais, n'avait échappé au Minotaure.

– Aie confiance, reprit Thésée. J'ai vécu beaucoup d'aventures, j'ai été confronté à des êtres très dangereux, parfois des demi-dieux.

Et il raconta sobrement l'homme à la massue, le brigand qui défiait les voyageurs à la lutte ou la truie nommée Phaïa. Ariane écoutait, cherchant encore dans ses paroles des raisons d'espérer.

Il en était à Procuste, qui tenait une auberge au bord de la route quand, emportée par ses histoires, elle demanda :

– En quoi était-il dangereux, ce Procuste ?

– Son auberge n'avait que deux lits : un grand et un petit. Invariablement, il proposait le grand lit aux voyageurs petits, et le petit lit aux voyageurs grands. Et pendant la nuit, il étirait à mort les membres des petits pour les ajuster au lit, et il coupait ceux des grands, qui dépassaient.

– Quelle horreur ! As-tu pu l'empêcher de nuire ?

– Je l'ai traité comme il traitait les malheureux voyageurs : je l'ai jeté sur le grand lit et l'ai étiré à lui briser les jambes, puis je l'ai jeté sur le petit et j'ai coupé ce qui dépassait.

Ariane en fut éberluée. Thésée reprit :

– Il y a eu aussi le fils de Procuste, le *sinistre* Sinis, le ployeur de pins. Il était si fort qu'il pouvait courber un arbre jusqu'à faire toucher terre à sa cime. Ensuite, il demandait de l'aide aux passants pour maintenir la cime au sol et, dès que l'un acceptait de la tenir avec lui, il lâchait… Et le malheureux voltigeait, pour aller s'écraser à cent pas.

– Et cet assassin, tu… l'as vaincu ?

– J'ai fait semblant de tenir la cime et, avant que ses doigts ne se desserrent, j'ai lâché. Et c'est lui qui a effectué le vol plané et s'est fracassé sur un rocher. Tu vois, il y a toujours un moyen de venir à bout des nuisibles.

Ariane protesta faiblement :

– Mais le Minotaure est un monstre, et…

– Ne t'inquiète pas. Maintenant que je t'ai rencontrée, j'ai plus de raisons encore de ne pas me laisser faire. (Baissant la voix, il se pencha vers elle.) Je te le dis en toute confiance, car je sais que tu ne me trahiras pas : je vais tuer le fils du taureau.

Et, l'air espiègle, il posa son doigt sur ses lèvres pour demander le secret absolu.

Balançant entre espoir et angoisse, Ariane suivait des yeux la danse des prêtresses en longues robes à volants qui agitaient leurs sistres[1] pour

1. Sistre : cadre en forme de U, tenu par une poignée, et sur lequel sont enfilées des coquilles de fruits secs ou des rondelles métalliques qui s'entrechoquent. On trouve aussi cet instrument chez les Égyptiens.

appeler les dieux. Mais elle ne voyait rien. Le désespoir reprenait peu à peu le dessus. Elle souffla enfin :

– Je ne doute pas de ton courage et de ta ruse, cependant tuer le Minotaure ne suffirait pas. Car il est enfermé dans un labyrinthe si complexe que lui-même n'est jamais parvenu à en sortir. Si tu arrivais à le vaincre, tu serais condamné à y mourir malgré tout.

Elle s'arrêta, des sanglots dans la voix.

Thésée eut du mal à garder son sang-froid.

– Un labyrinthe… ?

Il l'ignorait !

Ariane confirma :

– Creusé dans la montagne par Dédale en personne, spécialement pour l'homme-taureau.

Dédale, le célèbre ingénieur athénien ! Quel coup du sort !

Si Thésée en fut déstabilisé, il n'en laissa rien paraître. Toujours détendu et souriant, il affirma :

– Je lis dans tes yeux qu'il ne peut rien m'arriver.

En même temps, il pensait au Minotaure. Il avait toujours cru qu'il le rencontrerait dans une arène, pas au fond d'un tortueux réseau de galeries souterraines ! Or on pouvait faire confiance à Dédale pour que son labyrinthe soit un terrible piège.

Ariane détourna le regard. Que Thésée arrive à vaincre l'homme-taureau de ses seuls poings, elle pouvait le croire, ou du moins l'espérer. Mais qu'il ressorte vivant du labyrinthe…

Sans son aide, il n'y arriverait pas.

Cependant, le Minotaure était son demi-frère, elle ne pouvait pas se permettre de…

D'un autre côté, c'était aussi un monstre terrifiant et, s'il lui fallait choisir entre Thésée et lui, elle n'hésiterait pas.

Tiraillée entre son amour, sa loyauté et l'obéissance qu'elle devait à son père, elle n'osait plus dire un mot.

Enfin, avant même de l'avoir voulu, elle se pencha vers Thésée et lui chuchota quelque chose à l'oreille. Une information qu'elle tenait de Dédale en personne.

13
Un plan audacieux

Après ce repas au goût amer pour les otages, les garçons furent enfermés sous bonne garde dans le temple, et les filles regroupées devant sous la surveillance des soldats du roi. Soldats qui ignoraient bien sûr que deux de ces prétendues filles étaient des garçons, et que leur longue jupe cachait des armes.

Pour tromper la vigilance, tous les prisonniers se mirent en prière, comme s'ils étaient résignés à mourir.

Pourtant ils restaient en alerte, et Thésée plus que les autres. Depuis qu'il avait rencontré Ariane, il était doublement décidé à survivre, et pas seulement pour respecter le serment fait à son père de revenir.

D'autant qu'il gardait dans sa tunique l'objet qu'elle lui avait donné, et qui était la clé de sa survie.

Quand il pensait à elle, son cœur s'emplissait de

bonheur. Il ne songeait plus à la mort, il songeait à la vie qui s'ouvrait devant eux, à son bateau filant vers Athènes, Ariane et lui debout sur le pont, les yeux tournés vers l'infini.

Parce qu'il ne repartirait pas sans elle, il l'emmènerait, et il ferait d'elle sa femme. Il ne voulait rien d'autre.

Ses compagnons s'étaient tus, ils ne parvenaient plus à prier, ils écoutaient les bruits de la nuit.

Thésée se releva doucement. Son oreille exercée avait perçu des exclamations étouffées. Le plan était en marche !

Il fit signe à ses compagnons de se tenir prêts. C'est qu'il n'était pas question d'attendre le jour et la confrontation avec le Minotaure, il avait décidé d'agir de nuit.

D'abord parce que le monstre le guiderait par ses ronflements. Ainsi, ce serait lui qui le trouverait et non l'inverse.

Ensuite parce que le tuer dans son sommeil était la seule façon d'en venir à bout.

Et, pour finir, parce que ça leur permettait à tous de s'enfuir à la faveur de l'obscurité.

Enfin ils entendirent un léger craquement dans la serrure, et la geôle s'ouvrit. Les deux garçons qui s'étaient mêlés aux prisonnières avaient dégainé l'épée cachée sous leur robe et tué les gardes !

Déjà, ombres silencieuses se fondant dans la nuit, les filles descendaient vers le bateau. Les garçons les suivirent en veillant à ne faire ni rouler une pierre ni craquer une brindille sous leurs pieds nus.

Alors Thésée emprunta une torche aux gardes qui gisaient dans leur sang et disparut dans les ténèbres.

D'après les explications d'Ariane, l'entrée du labyrinthe était le lointain amas de rochers qu'avait désigné le vieillard agressif sur le chemin du palais.

Il partit dans cette direction, dissimulant de son corps la lueur de sa torche. On ne découvrirait pas la mort des gardes avant le jour, il avait le temps.

Enfin il y était, l'entrée se trouvait dans ce chaos de rochers gravés de cornes de taureaux.

Il s'introduisit entre les pierres et s'arrêta à l'abri pour sortir de sa tunique ce qui y était dissimulé : la pelote de fil qu'Ariane lui avait donnée.

Il y déposa un furtif baiser. C'était sa sauvegarde, son seul moyen de ressortir du labyrinthe une fois qu'il aurait tué le Minotaure.

Parce qu'il ne doutait pas qu'il le tuerait.

Il respira calmement pour raffermir son courage et contrôler les battements de son cœur, puis il coinça le bout du fil entre deux rochers et, s'éclairant de sa torche, pénétra dans le souterrain.

Il songea un instant à la lame qu'il avait cachée dans sa ceinture…

Non, il ne s'en servirait pas, le traité le lui

interdisait, l'honneur le lui interdisait. Mais il s'était mentalement préparé à la confrontation, et ça ne l'inquiétait pas.

Arrivé dans le vestibule – gravé, cette fois, de haches à double tranchant –, il suspendit son pas pour écouter.

Et il perçut des ronflements très lointains.

Il ôta ses sandales et, à pas légers, s'engagea dans les sombres galeries du labyrinthe, déroulant à mesure sa pelote de fil.

14

Le labyrinthe

L'air semblait mouvant, répercutant le souffle régulier du taureau endormi comme une sourde menace. Les galeries se succédaient, se coupaient, tournaient, revenaient en arrière, montant ou descendant. Ici, de l'eau dégoulinait le long du rocher, là, le sol était sableux. Il y régnait une odeur de mort.

À chaque bifurcation, Thésée devait prendre une décision, choisir un couloir. Alors il écoutait avec attention pour déterminer la direction d'où venait le ronflement.

Ce qu'il sentait n'était pas seulement une odeur de mort, c'était une odeur de peur. La peur de tous ceux qui avaient péri ici. Sa propre peur aussi.

Le courage n'est pas d'ignorer la peur, avait dit un jour son grand-père, c'est de reconnaître le danger et de l'affronter malgré tout. En descendant dans ces sinistres galeries, Thésée avait l'impression de descendre en lui-même, pour y traquer les terreurs les plus profondes, celles qui s'ancraient dans l'enfance.

Plus le ronflement s'amplifiait, plus son cœur palpitait. Il avait le souffle court, les mains moites. Et enfin, il l'entendit tout près…

En découvrant la terrible tête de taureau affalée sur le sol, il sentit la frayeur remonter. Mais elle n'eut pour effet que de rendre son pas plus silencieux encore tandis qu'il s'avançait.

Lui revint alors en mémoire l'histoire de la peau de lion. Il se revit enfant, abattant la hache sur le crâne du fauve…

Il s'arrêta face au taureau. L'animal, percevant sans doute son odeur, rouvrit les yeux avec lenteur. Il n'y avait plus un instant à perdre ! Thésée joignit ses deux mains, enlaça solidement ses doigts et, d'un coup formidable, abattit ses poings sur l'énorme crâne, tuant net le Minotaure.

L'homme-taureau n'avait pas eu une belle vie, fui de tous pendant son enfance et, pour finir, enfermé dans des souterrains sans issue, mais il eut une belle mort.

Thésée le salua. Le cercle se refermait, celui de sa jeunesse, de ses apprentissages. Il avait abattu un lion mort avec une hache, il abattait un monstre vivant avec ses simples poings.

Il recommença à respirer doucement. Pendant tout ce temps, il avait retenu son souffle, il s'en apercevait maintenant.

Il se souvint alors de la promesse faite à Ariane et retira de sa ceinture la lame qui y était dissimulée. D'un geste sûr, il agrippa la crinière du Minotaure, lui tira la tête en arrière et lui trancha la gorge, le sacrifiant à Poséidon comme Minos aurait dû le faire avec le taureau blanc.

Puis il reposa dignement la tête sur le sol et regarda en arrière.

Ariane… S'il survivait, ce serait grâce à elle. Grâce à elle, le labyrinthe ne deviendrait pas son tombeau.

Il songea que, lors de son voyage vers Athènes, c'éait aussi grâce à autrui qu'il avait vaincu les êtres malfaisants. En lui détaillant les cruelles habitudes de leurs précurseurs, les habitants de la côte lui avaient permis d'imaginer ses ruses.

Il n'était pas tout-puissant, il dépendait des autres comme les autres dépendaient de lui, il saurait s'en souvenir.

Maintenant, il fallait repartir, et vite ! Et pour cela, il utiliserait l'astuce soutirée à Dédale par sa douce princesse.

Il avait accroché le fil d'Ariane à l'entrée et déroulé sa pelote tout au long du chemin. Il lui suffisait de réenrouler le fil, et ses pas le mèneraient droit vers la sortie.

Il déposa un baiser sur le bout de la pelote et commença à rembobiner le fil…

Il faisait encore nuit quand il arriva aux rochers de l'entrée. Le ciel s'illuminait de milliers d'étoiles, l'air était léger, jamais il ne s'était aperçu à ce point de la beauté du monde, mais c'était peut-être dans son cœur qu'était la beauté, et lui qui la transmettait au monde.

Puis l'urgence de la réalité le frappa de nouveau. Il devait faire vite !

Jetant sa torche dans les rochers pour ne pas être repéré, il dévala la pente caillouteuse à la seule lueur des étoiles.

Ses deux amis, ayant abandonné leur costume de fille, le guettaient sur la grève. Suivant ses ordres, ils avaient éventré la coque de tous les vaisseaux, de tous les bateaux de pêche, de la moindre barque, pour empêcher les Crétois de les poursuivre. Et les autres évadés étaient tapis dans leur navire pour ne pas être aperçus depuis la côte.

Ariane était parmi eux !

Thésée ne put résister à l'envie de la serrer dans ses bras. Un court instant, car ils n'en avaient pas un seul à perdre. Chaque passager se saisit d'une rame, et le navire s'éloigna dans le plus grand silence.

On rama longtemps, longtemps, jusqu'à ce qu'on

fût sûr d'être assez loin de la Crète et, dans la nuit, on hissa de nouveau la voile.

Ce n'est qu'au petit jour que les fugitifs purent vérifier qu'ils étaient vraiment en pleine mer et qu'ils ne craignaient plus d'être pourchassés. Ils laissèrent exploser leur joie, peinant encore à croire qu'ils étaient toujours en vie. Les dieux étaient avec eux !

Mais les dieux sont inconstants, ou du moins ils suivent leur propre logique, qui n'est pas forcément celle des hommes.

15
Dédale et Icare

Lorsqu'il apprit que le bateau des Athéniens n'était plus au port, Minos crut que les matelots du roi Égée étaient repartis pour ne pas assister au supplice des otages.

Puis il apprit que les gardes assurant leur surveillance avaient été tués. Et, comble des combles, qu'il n'y avait plus aucun prisonnier, ni garçons ni filles !

Il revit en pensée le regard de Thésée, sa manière de dire qu'il ne mourrait pas. Il avait pris ça pour une fanfaronnade.

Aucun doute, c'était lui, c'était Thésée le responsable de cet affront terrible !

Minos ne saisit pas tout pour autant. Ce n'est qu'en découvrant que tous ses bateaux étaient hors d'usage et que sa propre fille avait disparu aussi qu'il commença à mesurer l'ampleur de la catastrophe.

Et le plus stupéfiant l'attendait encore : on ne percevait plus le moindre souffle dans les galeries du labyrinthe ! Le Minotaure était mort !

Ce n'était pas qu'il tînt particulièrement à cet être monstrueux qui lui rappelait en permanence ses fautes, mais il avait été dupé par les Grecs, par un prince à peine adulte, et ça... Oui, ça lui était insupportable ! La fureur l'étouffait.

D'autant qu'il n'avait plus le moindre bateau en mesure de poursuivre les fuyards, de les rattraper, de les réduire en bouillie !

Et il était trop tard pour courir aux autres ports de l'île. Y en avait-il même un seul où l'on trouverait un navire assez gros pour voguer au loin avec un chargement de guerriers ?

Cherchant sur qui reporter sa colère, il pensa à Dédale. L'inventeur d'un labyrinthe dont on pouvait si facilement s'échapper n'était qu'un incapable ! Il avait eu bien tort de lui accorder sa confiance !

Puisque c'était comme ça, ce maudit ingénieur finirait ses jours enfermé dans ses souterrains ratés !

C'est ainsi qu'à peine réveillé, Dédale vit débarquer chez lui des gardes armés jusqu'aux dents, et pas avec des têtes de plaisantins. Et ils emmenèrent même Icare, son fils adolescent, qui n'était pour rien dans l'affaire !

Ni l'un ni l'autre n'eut droit au moindre jugement, ils ne purent même pas rencontrer le roi pour présenter leur défense.

Enfin… cela n'inquiéta pas Dédale outre mesure. Dans sa colère, Minos n'avait pas réfléchi plus loin que le bout de son nez : le concepteur du labyrinthe connaissait forcément les lieux mieux que quiconque. Il avait fait creuser les galeries une à une, les avait parcourues, à mesure, des centaines de fois, elles n'avaient aucun secret pour lui.

Bien sûr, il ne pouvait pas reproduire le coup du fil d'Ariane, puisqu'il était ENFERMÉ, pas PERDU. Mais il n'était pas menacé par l'attaque d'un Minotaure affamé et pouvait circuler librement.

Il rassura son fils :

– Ce labyrinthe, je le connais par cœur, je sais comment en sortir. Le problème réside ailleurs : où nous réfugier, une fois dehors ?

Reprenant espoir, Icare déclara :

– L'île est vaste !

– Certes, mais c'est une île. Et Minos est du genre rancunier, il ne nous laissera pas nous évanouir dans la nature. Nous aurons tous ses gardes à nos trousses.

– Alors il faut quitter l'île ! s'exclama Icare d'une voix angoissée.

Pour le calmer et lui montrer l'exemple, Dédale l'obligea à progresser dans la réflexion :

– Très juste. Dis-moi comment.

– Par bateau !

D'un geste, Dédale arrêta son fils :

– Argumente.

– Quitter une île par la terre est impossible. Il faut donc prendre un bateau. (Son père lui fit signe de poursuivre le raisonnement.) Pas depuis Héraklion, puisque les bateaux y sont hors d'usage. Depuis un autre port.

– Réfléchis encore. Minos n'est pas idiot. Dès que le garde préposé à notre surveillance aura signalé notre disparition, il fera garder tous les ports. Donc pas de fuite par la terre, ni par l'eau… Que reste-t-il ?

Icare plissa le front, incrédule :

– … L'air ? Mais je ne vois pas comment, à moins d'être un oiseau.

À la tête que faisait son père, il comprit que celui-ci avait déjà une idée.

– À moins d'être un oiseau, répéta celui-ci d'un air songeur.

Et il ne dit plus rien.

Ils sortirent à la nuit par une faille secrète dans le rocher et grimpèrent dans la montagne. Ils devaient s'éloigner le plus possible de Knossos pour retarder les recherches, et gagner le pied des parois rocheuses où les aigles royaux établissaient leurs nids.

Là, ils trouvèrent ce qu'ils cherchaient : des plumes de toutes sortes.

Icare eut pour mission de les ordonner par taille, tandis que son père se mettait à la recherche de longues ramures de bois solides et légères.

Puis Dédale disposa les plumes sur ces ramures, cousant les plus longues au fil de lin – en mettant les grandes rémiges au bout, comme sur les oiseaux. Ensuite, il alluma un feu et fit fondre de la cire d'abeilles sauvages. Il s'en servit pour coller les autres plumes par ordre de taille.

Quand tout fut prêt, le père et le fils grimpèrent sur le pic le plus haut et s'attachèrent les ailes aux bras. Les gardes devaient déjà être à leur recherche, il fallait s'envoler au plus tôt.

– Prends bien garde à la hauteur de ton vol, prévint alors Dédale. Si tu descends trop, les embruns de la mer alourdiront tes ailes ; si tu montes trop, la chaleur du soleil fera fondre la cire qui retient les plumes.

Il n'eut pas le temps de finir sa phrase que son fils, excité par l'aventure, s'était envolé. Il ne put que le suivre.

Et là, planant dans le ciel, il oublia tout.

La mer était bleue, l'air serein. Portés par le vent, ils voyaient les îles si loin, comme des taches de rousseur sur une peau douce.

Icare était plus vif et plus léger, il volait plus vite que son père, montait et descendait en riant, oubliant le danger. Il était trop loin pour entendre les conseils de prudence.

C'est qu'il était jeune, il ne croyait pas à la mort, du moins pas pour lui, car la jeunesse est immortelle ! Il ne pensait pas qu'une simple imprudence puisse avoir des conséquences dramatiques.

D'ailleurs il ne l'appelait pas « imprudence », il l'appelait « jeu ». Il ne craignait pas le soleil, il avait toujours rêvé de le voir de près. Et si la cire fondait, ce n'était pas grave, il avait assez de plumes cousues aux branches pour le maintenir en l'air.

Il ignorait, le malheureux, que toute plume est importante, qu'un simple trou dans l'aile d'un oiseau empêche que l'air le soutienne. Abandonnant son père, il vola vers le soleil…

Et, comme une pierre, il tomba dans la mer[1].

1. Cette mer porte aujourd'hui son nom : la mer Icarienne.

16
Ariane et l'île

Le navire athénien peinait sur des flots agités, roulait et tanguait, et Ariane se sentait très mal. Rien ne pouvait lutter contre les terribles nausées qui l'assaillaient, même l'amour de Thésée. Elle n'arrivait plus à boire ni à manger. Aussi, en apercevant une île, elle s'exclama :

– Je t'en supplie, mon aimé. Pouvons-nous nous arrêter un instant, que je me repose et reprenne des forces ?

– Bien sûr, ma douce, répondit Thésée. Nous en profiterons pour réparer le bateau, il a été bien malmené par les flots.

Et tandis qu'elle allait s'asseoir dans l'ombre bienveillante d'un arbre, les jeunes gens remplacèrent les planches brisées et bouchèrent les interstices avec de l'étoupe enduite de goudron.

Thésée s'apprêtait à aller rechercher Ariane lorsqu'il aperçut un petit nuage à l'horizon. Un très curieux nuage : en forme de lentille, noir comme la nuit. Il l'observa, intrigué. Mais... ce nuage venait vers eux, il se précipitait même à la vitesse de l'éclair !

Avant qu'il ait compris, une bourrasque comme nul n'en avait jamais vu souleva le navire, l'arracha à la côte et le propulsa au loin. L'instant d'après, la tempête balayait la mer, emportant sa proie comme un fétu de paille sur les flots déchaînés.

– Ariane ! hurla Thésée. Ariane !

Elle était restée sur l'île !

– Ariane ! Je reviens te chercher !

Mais sa voix se perdit dans le vent.

Ils furent emportés sur les flots pendant des heures, sans pouvoir rien faire. Puis tout se calma, et... ils se rendirent compte qu'ils ne savaient plus du tout où ils étaient, et encore moins où se trouvait l'île.

Ariane s'était redressée, affolée. Elle criait pour appeler Thésée, avec frayeur, avec désespoir, terrifiée par la pensée que les dieux se vengeaient. Elle avait trahi son père, provoqué le meurtre de son demi-frère... Oui, les dieux s'étaient vengés.

Elle cria « Thésée ! » jusqu'à ce que ses forces l'abandonnent, jusqu'à ce que le soleil la brûle, jusqu'à ce que le bruit de la mer efface sa voix. Alors elle se laissa tomber sur la grève et pleura. Elle avait mille fois mérité ce qui arrivait, et si c'était le prix à payer pour sauver Thésée, elle ne le regrettait pas.

Effondrée, elle murmura :

– Si je dois mourir loin de toi sur cette île, je l'accepte. Va, mon amour, sois fort, et que les dieux te protègent.

Elle entendit soudain une voix de femme :

– Un premier amour laisse de profondes cicatrices, chère Ariane, mais la vie est longue, et tu connaîtras d'autres hommes…

– Je ne veux pas d'autres hommes ! protesta la jeune fille dans un cri de douleur. Thésée est le seul, l'unique ! Jamais avant lui, jamais après lui…

– Laisse-moi te dire, petite Ariane, que tu ne sais pas de quoi tu parles.

La jeune princesse examina alors celle qui lui parlait. C'était une femme d'une merveilleuse beauté et… Elle n'en crut pas ses yeux : Aphrodite, la déesse de l'amour ?

La déesse de l'amour elle-même lui tenait un tel discours ?

Celle-ci insista :

– Tu rencontreras d'autres hommes, et peut-être même des dieux.

Ariane désespéra d'être comprise :

– Que puis-je attendre des dieux ? Ils m'ont enlevé Thésée !

Aphrodite lui sourit avec douceur :

– Ariane… Ariane… Un grand destin t'est

promis. Les dieux ont entendu ta douleur, ils ont été touchés par ta générosité. L'un d'eux a spécialement jeté les yeux sur toi et, aussitôt, ta beauté a ému son cœur.

– Un dieu…, souffla Ariane sans parvenir à en ressentir de soulagement, et encore moins de joie.

Aphrodite précisa :

– Dionysos en personne ! Le dieu de la vigne, du vin et de la joie. Il voudrait te sortir de ta douloureuse condition.

– Me sortir…, répéta Ariane sans saisir.

– Il veut t'emmener avec lui sur l'Olympe, au royaume des dieux. La terre n'est plus pour toi, tu n'as plus rien à y faire.

Ariane considéra la déesse de l'amour avec douleur. Son île était perdue dans la vaste mer, Thésée ne la retrouverait jamais, les dieux y veilleraient.

Et si elle n'avait plus Thésée, elle n'avait plus rien.

Puis elle songea qu'elle avait accepté de le perdre, pas de cesser de l'aimer. Malgré l'immensité de sa souffrance, elle se sentit un peu mieux.

Elle songea qu'Aphrodite connaissait mieux que quiconque ses tourments, elle ne lui aurait pas proposé une alliance malheureuse. Dionysos était le dieu de la joie, il lui apporterait peut-être sinon la gaieté, au moins l'apaisement. Elle reconnut enfin :

– Si je reste au royaume des hommes, la douleur ne me quittera pas, elle me harcèlera nuit et jour.

Ma vie sur terre ne vaut plus d'être vécue, peut-être dois-je en effet changer d'univers.

La déesse hocha la tête :

– Tu prends la bonne décision. Dionysos sera soulevé de bonheur. D'ailleurs il espérait tant ton accord qu'il m'a confié ceci.

Et elle lui présenta une couronne scintillante de diamants en précisant :

– Elle a été fabriquée par Héphaïstos, dieu du feu et des volcans. Puis-je informer Dionysos que ta décision est prise de l'accepter pour époux ?

Ariane eut un douloureux sourire, pour dire qu'elle acceptait.

Elle préférait qu'Aphrodite ne sache pas que Thésée resterait à jamais dans son cœur et qu'elle serait toujours avec lui par l'esprit.

La déesse leva alors la couronne vers le ciel et la regarda s'envoler jusqu'à la voûte du firmament, où ses diamants continuèrent à briller tout aussi fort, veillant sur Ariane et le monde. Elle était devenue la couronne boréale[1].

Dionysos, le dieu rieur, descendit alors de l'Olympe sur le dos d'une panthère, tenant dans sa main le plus précieux cadeau qu'il ait fait aux hommes : une grappe de raisin.

1. Couronne boréale : constellation de l'hémisphère Nord, dont les étoiles forment un arc de cercle.

17

Funeste voile

Recroquevillé sur le pont, Thésée tenait sa tête entre ses mains. Il avait perdu Ariane ! Il avait perdu Ariane !

La tempête les avait bringuebalés durant des jours, et il ne savait plus où la retrouver dans cette mer immense aux îlots innombrables ! Depuis trop longtemps, le ciel était si sombre qu'ils ne pouvaient plus se repérer au soleil durant le jour, ni aux étoiles la nuit. Le navire continuait de voguer sans qu'on sache vers où il allait.

Thésée sursauta. Une femme venait d'apparaître sur le pont. Casquée, tenant à la main une lance et un rameau d'olivier. Il reconnut avec stupéfaction Athéna, la déesse protectrice d'Athènes. C'est à sa garde qu'ils avaient remis leur sort avant de quitter leur cité !

Elle dit :

– Je te vois bien abattu, fils d'Égée.

– C'est que les dieux m'ont abandonné. Les

vents me sont devenus contraires, et le ciel m'aveugle. Or mon aimée est seule dans l'immensité de la mer, et elle périra si je ne la retrouve pas très vite. Aide-moi, je t'en supplie !

À son grand soulagement, Athéna répondit :

– Je suis en effet venue pour t'aider.

L'espoir souleva Thésée, si puissant qu'il l'empêcha de saisir tout de suite les mots qui suivaient :

– Tu dois te soumettre, c'est ce que je suis venue te dire. Si les vents t'ont éloigné de ton aimée, c'est par la volonté des dieux.

Comprenant enfin, Thésée cria, le cœur déchiré :

– Non... !

Athéna reprit avec sérénité :

– Les dieux ne t'ont pas abandonné, ils se préoccupent au contraire de toi. Je comprends qu'il te soit difficile d'accepter leur décision, mais...

Thésée l'interrompit avec la violence du désespoir :

– J'ai consacré ma chevelure à ton frère Apollon, j'ai sacrifié le fils du taureau à Poséidon !

Athéna le coupa à son tour :

– C'est pourquoi Apollon et Poséidon veillent sur toi. L'homme ne saisit pas toujours la décision des dieux, pourtant elle n'est prise que dans son intérêt. Je te demande de me faire confiance. Ne cherche pas à revenir sur tes pas, tu dois renoncer à Ariane.

– Mais je l'aime, cria Thésée, et elle m'aime !

– Elle oubliera comme tu oublieras.

Désespéré, Thésée secoua la tête. Non. Non ! Il tenta encore :

– Si je l'abandonne, elle mourra sur son île !

– Elle ne mourra pas. Elle a eu la visite de ma sœur Aphrodite, qui lui a annoncé que Dionysos l'a remarquée. Elle lui est déjà promise, et il l'a emmenée vers l'Olympe.

Et sur ces mots, Athéna disparut.

Thésée resta un moment suffoqué, sans pouvoir dire un mot.

Athéna se trompait, il n'oublierait jamais Ariane, elle resterait plantée dans son cœur toute sa vie et l'accompagnerait en tout lieu, dans ses joies et ses peines, dans ses batailles, et jusqu'à sa mort !

Il ruminait ces sombres et lumineuses pensées quand il vit les nuages se dissiper enfin et une côte apparaître au loin. Un instant, il crut qu'Athéna s'était ravisée et l'avait ramené à l'île d'Ariane.

Mais ce n'était pas elle, il ne la reconnaissait pas. C'était… – il n'en crut pas ses yeux – la pointe sud de l'Attique[1] ! Il reconnaissait la silhouette du cap, et le temple de Poséidon dressé au sommet, dominant la mer.

Il soupira. Il y avait des choses qui dépendaient de lui, sur lesquelles il pouvait agir, et d'autres qui

1. Attique : péninsule où se trouve Athènes et qui se termine par le cap Sounion.

lui échappaient, celles qui étaient décidées par les dieux. Et, celles-là, il ne pouvait que les accepter.

Le cœur déchiré, il contempla au loin le temple de Poséidon, en se retenant de lancer des imprécations. Le dieu de la mer l'avait malgré tout ramené chez lui sain et sauf.

Ce que Thésée ne vit pas, c'était le point blanc et rouge sur les marches du temple. Égée surveillait la mer. Parce que la Crète se trouvait vers le sud, et que son fils reviendrait de cette direction.

S'il revenait.

Or c'était de ce promontoire qu'on voyait le plus loin.

Il priait avec ferveur les dieux de faire apparaître une voile blanche, ce qui signifierait que Thésée était en vie.

Et enfin, ses yeux usés à force de scruter l'horizon aperçurent une voile. Noire. Il crut à un mauvais tour des dieux.

Le regard figé, il se remit à prier, de plus en plus vite à mesure que le point grossissait, de plus en plus fort, avec de plus en plus de désespoir.

Mais bientôt, il ne parvint plus à se dissimuler la vérité : ce point sur la mer était bien le bateau de Thésée, et sa voile était noire ! La voile funeste du deuil !

Il eut l'impression que son cœur s'arrêtait, qu'il ne pourrait survivre à cette terrible épreuve. Et, terrassé par l'atroce douleur, il se jeta du temple dans les eaux tumultueuses qui battaient le pied de la falaise.

Il ignorait que son fils, quittant Knossos de nuit, avait hissé la voile restée sur le mât sans songer à sa couleur. Or c'était celle avec laquelle il était parti d'Athènes. Et le noir reflétait si bien son désespoir depuis qu'il avait perdu Ariane qu'il n'y avait plus prêté attention.

Quand il s'apercevrait de son erreur, il serait trop tard. Le roi d'Athènes se serait englouti dans cette mer qui porterait désormais son nom : la mer Égée.

Épilogue

Même si Égée n'était plus là pour le voir, c'est bien ce fils si cher à son cœur qui lui succéderait. Et il se montrerait digne de la gloire de ses ancêtres, devenant même le plus illustre de sa lignée.

Pourtant, Thésée ne voulut jamais se parer du titre de roi. Il disait que, s'il était revenu vainqueur, c'était aussi grâce aux autres. Chacun avait son rôle à jouer et était en cela une parcelle de roi.

Il rassemblerait tous les habitants de l'Attique et en ferait un seul peuple. Un peuple souverain, avec Athènes pour capitale.

Ses citoyens seraient tous égaux, ils obéiraient aux mêmes lois, aussi bien celui qui dirigerait l'administration parce qu'il était le plus apte à le faire, que celui qui assurerait la survie de tous en cultivant la terre, ou celui qui fabriquerait les objets dont on avait besoin chaque jour.

Lui ne garderait que le commandement militaire, pour défendre la cité, car c'était à cette fonction qu'il était le mieux préparé.

C'est ainsi qu'Athènes devint la première cité gouvernée par son peuple, la première à élire ses chefs, en un mot la première démocratie.

Du moins, c'est ce qu'on raconte. Car tout cela s'est passé il y a plus de trois mille ans…

Carnet de lecture

Évelyne Brisou-Pellen, parlez-nous de Thésée et du Minotaure

Comment en êtes-vous venue à vous intéresser au mythe de Thésée ?

– Je le connais depuis toujours, bien sûr, mais c'est par hasard que je m'y suis intéressée de plus près. Dans un tome de ma série *Le Manoir*, Liam, projeté au temps de l'épouvantable éruption du volcan de Santorin, croise en Crète le bateau à la voile noire…

Il ne m'en fallait pas plus. Dès que je touche à quelque chose, il faut que j'en sache tout. Je ne pouvais pas laisser la voile noire s'éloigner avec tout son mystère, je devais prendre en main les héros de cette affaire, rétablir « la vérité » sur eux.

Qu'est-ce qui vous a passionnée dans l'histoire de Thésée et du Minotaure ?

– Les auteurs anciens se sont surtout intéressés aux innombrables exploits de Thésée qui, pour moi, relèvent de l'anecdote. Mais l'affaire du Minotaure, c'est bien autre chose ! Un monstre menaçant, une grande aventure, la volonté d'un héros de sauver son peuple. Dans un milieu hostile, la force ne peut rien, il faut convoquer l'intelligence, la ruse, l'amitié, la confiance, l'amour. Seul, on n'arrive à rien, on a tous besoin les uns des autres, Thésée le dit. Il est en cela un véritable humain, il en représente l'idéal : juste, intelligent, fort, mais aussi sensible, aimant, prêt à se sacrifier pour les autres. C'est le héros que nous rêverions de devenir.

Êtes-vous restée fidèle au mythe original ou avez-vous pris des libertés ?

– Je reste très fidèle, en étant consciente que ces mythes ont transité par les voix de mille conteurs qui les ont remodelés au fil des siècles ; ils n'ont été figés par l'écrit que très tardivement. Alors je lis toutes les versions pour retrouver le cœur du mythe. Par exemple, rien que pour l'épisode de l'île :

• Une version dit que Thésée a abandonné Ariane pour une autre femme (si tôt ? si cruellement ? pour une femme qu'il aurait rencontrée où ? en mer ?). Et elle serait morte de chagrin.

• Une autre dit que Dionysos, étant amoureux d'Ariane, la lui a prise (Thésée serait reparti, sans plus ? et Ariane auraut accepté ?).

• Une troisième raconte que les dieux ont envoyé une tempête qui a emporté son bateau sans qu'il puisse rien faire.

Cette version semble plus logique pour l'esprit du temps et la cohérence du personnage, je la garde.

Réécrire un mythe antique, est-ce un travail très différent de votre activité habituelle de romancière ?

– C'est différent au niveau du contenu, car je n'invente pas l'histoire, mais pas au niveau de la mise en œuvre. Je dois m'immerger de la même façon dans l'ambiance de l'époque en étudiant le cadre historique et géographique, les mentalités, les coutumes, la vie quotidienne, les relations humaines… Puis, à la lumière de ce que j'ai appris, je plonge dans les personnages. Je dois être chacun d'eux tour à tour, pour les comprendre de l'intérieur, afin de les faire revivre. Cela m'aide d'ailleurs à saisir, dans le contenu des mythes, ce qui est le plus authentique.

Pourquoi cette histoire parle-t-elle, selon vous, au jeune lecteur d'aujourd'hui ?

– Avoir un grand destin, devenir un être d'exception est un rêve très ancré dans l'humain. D'ailleurs les films d'aujourd'hui continuent de puiser dans ces sources. Même si leur monde est intergalactique, leurs héros ne sont pas différents : recherche d'identité, amour, amitié, aventure, lutte contre le mal, combat pour sauver le monde… Un mythe éternel.

Qui a écrit l'histoire de Thésée ?

Le récit de Thésée et du Minotaure est une adaptation moderne d'une histoire très ancienne. Qui en est le premier auteur ? Il n'en a pas ! C'est tiré d'un mythe de la Grèce antique.

Qu'est-ce qu'un mythe ?

En grec ancien, le mot *muthos*, soit *mythe* en français, signifie d'abord « parole » puis « récit ». Les mythes sont des récits de la création du monde et des débuts de l'humanité.

Ce ne sont pas des récits écrits : ils sont racontés depuis des temps très anciens de différentes façons suivant le narrateur ou le public, l'époque, les circonstances. Ces récits ne sont pas inventés par un seul homme, un poète ou un écrivain, mais ils viennent du fond des temps, comme les légendes que nos ancêtres se transmettaient de père en fils, le soir après le travail, alors que les gens ne savaient ni lire ni écrire.

Les mythes dans l'Antiquité grecque

On racontait les mythes aussi bien à la maison qu'aux banquets ou dans les cérémonies religieuses en l'honneur d'un dieu ou d'un héros. Les enfants les apprenaient car cela faisait partie de leur éducation.

Qui a écrit l'histoire de Thésée ?

Le récit de Thésée et du Minotaure est une adaptation moderne d'une histoire très ancienne. Quel en est le premier auteur ? Eh bien, personne ! Cette histoire est un mythe de la Grèce antique.

Qu'est-ce qu'un mythe ?

En grec ancien, le mot *muthos*, « mythe », signifie d'abord « parole » puis « récit ». Les mythes sont des récits de la création du monde et des débuts de l'humanité.

Ce ne sont pas des récits écrits : ils sont racontés depuis des temps très anciens de différentes façons, suivant le narrateur ou le public qui l'écoute, le lieu, les circonstances… Ils ne sont pas inventés par un homme, un poète ou un écrivain mais ils viennent de la nuit des temps, comme les légendes que nos ancêtres se transmettaient de père en fils, le soir après le travail, alors que les gens ne savaient ni lire ni écrire.

Les mythes dans l'Antiquité grecque

On racontait les mythes aussi bien à la maison qu'aux banquets ou dans les cérémonies religieuses en l'honneur d'un dieu ou d'un héros. Les enfants les apprenaient, car cela faisait partie de leur éducation.

Ces histoires, on les adaptait en pièces de théâtre que l'on jouait dans des fêtes, en particulier dans celles que l'on donnait en l'honneur du dieu Dionysos.

On en peignait également des épisodes sur des vases ou des coupes : par exemple, Héraclès étouffant le lion de Némée, ou Thésée tuant le Minotaure. C'est pourquoi chaque Grec, quand il participait à un banquet, devenait spectateur de ces aventures.

On en sculptait aussi sur les temples. C'est ainsi que les exploits de Thésée sont représentés sur le temple d'Héphaïstos, à Athènes. Et on trouve parfois des fragments de certains mythes chez des poètes très anciens, comme Homère ou Hésiode, au VIIIe siècle avant J.-C., ou chez les dramaturges, c'est-à-dire les écrivains de théâtre.

Le mythe et ses variantes

C'est seulement à une époque tardive pour l'Antiquité grecque, vers le Ier siècle avant J.-C., que des mythographes (ceux qui mettent par écrit les mythes), comme Diodore de Sicile, ont tenté de rassembler ces histoires et de leur donner une cohérence. Mais les différents mythographes ne sont d'accord sur rien : ni sur les épisodes, ni sur les dates, ni sur les origines ou le destin des personnages.

C'est qu'il y avait de multiples variantes et interprétations d'une même histoire. Ainsi, dans le mythe de Thésée, Évelyne Brisou-Pellen a choisi la version où Égée guette le bateau de Thésée depuis le cap Sounion, le point le plus au sud de l'Attique. Mais d'autres versions du mythe racontent que c'est depuis l'Acropole d'Athènes. On imagine mal alors comment il tomberait dans la mer : même à cette époque, celle-ci n'arrivait pas au pied, puisqu'il est déjà question du port du Pirée d'où embarque Thésée (à environ 10 kilomètres aujourd'hui).

Les mythes et la religion grecque

À la différence de nos légendes, les mythes grecs avaient un rapport avec la religion.

Les dieux des anciens Grecs

Pendant très longtemps, les Grecs ont cru qu'il y avait plusieurs dieux. On dit qu'ils étaient polythéistes (« poly » signifie « beaucoup » et *theos* « dieu »). Selon la religion grecque, le monde a été créé à partir du chaos par Gaïa, la Terre, qui a eu beaucoup d'enfants, et Ouranos, le Ciel.

Certains de ces dieux sont évoqués dans la légende de Thésée : le maître des dieux, Zeus ; Poséidon, son frère, maître des mers ; Apollon, son fils, dieu des arts et de la divination. Mais il y en a bien d'autres, ainsi que des déesses, comme Athéna qui vient consoler Thésée après la perte d'Ariane.

Ces dieux sont considérés comme immortels et tout-puissants ; mais ils ont eu des parents, des ancêtres (on peut remonter plusieurs générations jusqu'à Gaïa, la Terre) contre lesquels ils se sont parfois battus pour gouverner le monde.

Les dieux ont des aventures, comme les humains.

Ils se disputent, se battent, se volent le pouvoir. Ils tombent amoureux, et parfois de mortelles. Ainsi, Dionysos tombe amoureux d'Ariane. Ils ont aussi des enfants. Ils peuvent prendre un mortel sous leur protection, mais ils ne sont pas toujours bienveillants : c'est la vengeance de Poséidon contre Minos qui a provoqué la naissance du Minotaure. Minos avait demandé à Poséidon de lui envoyer, comme signe de sa protection, un taureau blanc qu'il promettait de sacrifier ensuite au dieu. Ébloui par la beauté de l'animal, Minos le garda pour lui. Le dieu punit sa cupidité. Une autre version du mythe évoque la malédiction d'Aphrodite contre les descendantes d'Hélios, le Soleil, pourtant innocentes : Pasiphaé puis ses filles. Mais qu'on choisisse une version ou l'autre, on comprend que le pardon n'est pas la principale qualité des dieux grecs !

Cependant, avec la génération de Zeus, de ses frères et sœurs, de ses enfants – tous ces dieux que l'on nomme les Olympiens car ils vivent sur l'Olympe –, s'est enfin établie sur terre et dans l'univers une certaine harmonie.

Les mythes sont-ils une religion ?

Les anciens Grecs n'avaient pas de livre sacré comme la Bible ou le Coran pour préciser les formes de la religion et les règles que l'on devait observer. Les mythes sont une des façons dont la religion s'exprimait.

D'autre part, la science ne permettait pas d'expliquer les grands mystères comme la création et la fin du monde, ou l'existence de phénomènes incontrôlables par l'homme. Les mythes sont une façon d'interpréter ces mystères grâce à l'imagination.

Ils indiquent aux hommes leur juste place dans la création.

Ils font également un pont entre un passé lointain, antérieur à l'invention de l'écriture, et un présent historique.

Voilà pourquoi il était important de les raconter ou de les jouer au théâtre, dans les cérémonies religieuses, afin que les gens s'en pénètrent.

Que racontent les mythes ?

Ils nous parlent de sujets impossibles à expliquer : la création du monde par exemple, l'existence des dieux, ces forces qui dépassent les hommes et qu'ils ne peuvent contrôler, la place de l'homme dans la création, la mort…

Mais ils évoquent aussi les relations entre les hommes et les dieux, les grands problèmes humains et la fondation des cités. Pour présenter cela, les mythes rapportent les exploits de héros comme Thésée.

À chaque cité son héros

Chaque grande cité revendique un héros auquel elle rend un culte. Le plus célèbre, Héraclès, est le héros d'Argos, dans le Péloponnèse. Œdipe est le héros de Thèbes. Thésée, lui, sera le héros d'Athènes.

Il faut avoir à l'esprit que la Grèce est un pays très montagneux. Comme les moyens de communication terrestres étaient difficiles (et le voyage de Thésée, de Trézène à Athènes, l'illustre bien), ce n'était pas un pays unifié. On y trouvait un grand nombre de cités séparées les unes des autres par des montagnes ou fondées autour de la Méditerranée : sur les côtes de l'Asie Mineure, en Sicile, en Italie du Sud et même en Gaule.

On ne parlait pas partout exactement la même langue (un peu comme en France, avant l'existence de l'école, on parlait différents patois). Et si la religion était la même, on ne préférait pas nécessairement le même dieu, on n'y racontait pas forcément les mêmes mythes ou on n'en donnait pas la même version. On s'intéressait à un dieu que l'on considérait comme le protecteur de la ville. Pour Athènes, c'était, bien entendu, Athéna. On y évoquait aussi le héros fondateur ou bienfaiteur de la cité.

Thésée, le héros d'Athènes

Thésée a libéré la ville de tous les monstres qui rendaient son accès difficile. Et il a vaincu le Minotaure qui lui dévorait ses enfants. Les Athéniens honoraient Thésée et ne le considéraient pas comme un personnage de légende mais comme un des premiers rois d'Athènes. Il passait pour avoir vécu une génération avant la guerre de Troie, racontée par Homère. Plutarque, un écrivain grec du Ier siècle après J.-C., retraça sa vie, au même titre que celle d'Alexandre le Grand ou de Jules César, dans un recueil de biographies intitulé *Vies des hommes illustres*. Il considérait donc bien que Thésée avait réellement existé. Son voyage, d'ailleurs, se situe dans une géographie réaliste, pas dans un monde imaginaire.

Thésée, ce héros

Comment naît un héros ?

Le héros des mythes grecs est généralement le fils d'un dieu et d'une mortelle (rarement l'inverse) et il bénéficie de la faveur de ce dieu. Héraclès, le plus célèbre des héros grecs, n'était rien de moins que le fils de Zeus et d'une reine, Alcmène. Il fut d'ailleurs poursuivi par la jalousie d'Héra, l'épouse de Zeus.

De plus, le héros appartient au monde des rois. Ainsi, Thésée est le fils d'Égée, roi d'Athènes, et d'une princesse de Trézène. Égée est lui-même un descendant d'Érichthonios, un des premiers rois d'Athènes, fils de la Terre et du dieu Héphaïstos.

Si Thésée n'est pas directement le fils d'un dieu, il est au moins un de ses descendants. Mais selon d'autres versions du mythe, il serait le fils du dieu Poséidon. C'est encore mieux ! Voilà déjà de quoi faire un héros.

Les qualités indispensables d'un héros

Mais être le descendant d'un dieu n'est pas suffisant. Le héros doit être un homme (très rarement une femme car, dans la civilisation grecque, les femmes n'étaient pas censées se battre), d'un courage ou d'un mérite supérieurs, capable d'exploits guerriers et prêt à secourir l'humanité. Ainsi, certains des brigands tués par Thésée sur la route d'Athènes se disent fils de Poséidon ; cela n'en fait pas des héros, loin de là.

À la naissance, le héros est souvent abandonné par son père, qui veut le voir mourir (comme Œdipe, Atalante, Persée et bien d'autres) ; ou bien il est caché et ne connaît pas ses origines, comme Thésée. C'est par ses exploits que le héros va se révéler.

Dès l'enfance, il montre une force et un courage exceptionnels. Héraclès, le modèle de Thésée, a étouffé deux serpents dans son berceau ! Tout jeune, Thésée défend ses camarades contre un lion, ce qui montre son courage, même s'il s'avère plus tard que le lion n'est que la dépouille du lion de Némée, déposée là par Héraclès.

On voit comment Thésée devient un héros : il doit s'imposer par sa force et sa valeur au combat pour qu'on le reconnaisse. Il ne pourra connaître le nom de son père que lorsqu'il sera capable de soulever le rocher qui cache son épée. Il choisira de monter de Trézène à Athènes à pied, en affrontant de nombreux périls, plutôt que de naviguer en sécurité. Mais, ainsi, il peut libérer la route du sud des monstres qui la rendent dangereuse. Il ne connaît pas la peur. Il use de la force contre Procuste ou la truie Phaïa. Mais parfois, la force seule ne suffit pas ; il doit également vaincre par la ruse. Ainsi, il oppose son intelligence à la violence brute de Périphétès, dont il récupérera la massue. Remarquons qu'il choisit l'arme favorite de son modèle, Héraclès !

Il feint d'obéir à Sciron et de lui laver les pieds, mais c'est pour le tromper, comme il le fera avec Sinis, le ployeur de pins, montrant un esprit de décision et une rapidité d'action exceptionnels. Avant que son père ne le reconnaisse, il accomplit d'autres exploits, comme capturer à mains nues et ramener en laisse le taureau furieux de Marathon.

En échappant enfin au poison versé par Médée, il libère involontairement son père de l'emprise de cette sorcière.

Grâce à toutes ses qualités, le jeune homme est devenu un adulte et peut être associé au pouvoir.

Le héros face aux dieux

Le héros doit aussi honorer les dieux, et non les défier ou les affronter. Les mythes sont pleins des punitions infligées aux hommes et aux femmes qui ont voulu rivaliser avec les dieux ou simplement se comparer à eux. Ils ont fait preuve d'orgueil ou de « démesure », comme disaient les Grecs, et troublé l'ordre du monde. C'est peut-être le sens de la mort d'Icare qui, avec l'insouciance de la jeunesse, s'est trop approché du monde des dieux.

Thésée, lui, se met sous la protection d'Apollon en se rendant à son sanctuaire de Delphes. Offrir ses boucles de cheveux au dieu n'est pas un geste anodin : il montre par là sa piété, une qualité essentielle pour un futur roi d'Athènes.

Le héros est-il un homme comme les autres ?

Un héros n'est pas parfait. Selon certaines versions du mythe, Thésée abandonne Ariane à Naxos alors qu'il avait promis de l'épouser. Il oublie aussi de hisser sur son navire la voile blanche qui indiquerait sa victoire et précipite ainsi son père dans la mort. Le héros n'est pas un homme comme les autres, certes, mais il a des faiblesses, comme tous les hommes !

Thésée, libérateur d'Athènes

L'exploit le plus célèbre de Thésée, c'est son combat contre le Minotaure, seul et sans armes.

On a pu penser que le mythe évoquait une situation très ancienne de dépendance d'Athènes envers la Crète. Celle-ci était, au IIe millénaire avant J.-C., une grande puissance maritime. On a interprété le tribut des sept garçons et des sept filles comme un impôt dû à la Crète, et la victoire de Thésée sur le Minotaure comme la libération d'Athènes de cette domination. Thésée devient, dans l'esprit des Grecs, le grand roi fondateur de la puissance athénienne.

Mais il ne faut pas limiter le mythe à une seule interprétation : il y en a toujours plusieurs. Pour les Grecs, le Minotaure est avant tout un monstre, qu'il faut détruire.

Les monstres

Aussi bien dans le mythe d'Héraclès que dans celui de Thésée, on voit bien que la mission du héros est de débarrasser la terre de ses monstres, afin de la rendre plus sûre et plus harmonieuse.

Mais que sont ces monstres et que représentent-ils ?

Face aux héros : les monstres

Les monstres troublent le « cosmos », c'est-à-dire l'ordre du monde, sa beauté, son harmonie.

C'est pourquoi tous les héros de la mythologie grecque doivent se battre contre eux : Héraclès contre l'Hydre de Lerne par exemple, Jason contre un dragon, Persée contre Méduse, puis contre un monstre marin.

Traditionnellement, le monstre est un descendant des forces primitives. Ainsi, des amours de Gaïa, la Terre, et de Pontos, la Mer, sont nées des générations de monstres, parmi lesquels la truie Phaïa dont Thésée débarrasse la campagne proche de Corinthe. Ses parents étaient Typhon et Échidna, tous deux descendants de Gaïa, des êtres délicieux. Typhon était plus haut que toutes les montagnes. De la ceinture jusqu'aux pieds, il était entouré de vipères ; son corps était ailé, ses yeux lançaient des flammes ; au lieu de doigts, ses mains se terminaient par des têtes de dragon. Il faillit vaincre Zeus, mais le dieu réussit à l'écraser sous l'Etna. Quant à Échidna, dont le nom signifie « vipère », elle avait un corps de femme et une queue de serpent. Et la truie Phaïa, issue de ces charmantes amours, avait pour frères et sœurs le chien Orthros, l'Hydre de Lerne, tués par Héraclès, Cerbère, le gardien des Enfers, capturé par ce même héros, et Chimère, mi-chèvre mi-lion, tuée par Bellérophon. En somme, Phaïa semble la créature la moins épouvantable de la famille !

On voit que les monstres sont une survivance d'un monde ancien, primitif, antérieur à la génération des dieux olympiens. Ceux-ci en ont fait disparaître beaucoup, et les héros doivent débarrasser le monde des derniers survivants.

Un monstre célèbre : le Minotaure

Le plus célèbre et le plus dangereux des monstres anéantis par Thésée est le Minotaure.

Son nom est un composé de « Minos », le nom du roi de Crète, et de *tauros*, qui signifie « taureau » en grec. Il porte le nom de Minos pour rappeler que le roi est puni de son offense à Poséidon. Et si, selon une autre version du mythe, il est le fruit d'une vengeance d'Aphrodite, cela ne change rien : le Minotaure est né du résultat d'une malédiction.

C'est un être hybride, fils d'une femme et d'un taureau. En ce sens, il n'a pas sa place dans la nature. Il est une aberration. Avec son corps d'homme et sa tête de taureau, il incarne la sauvagerie. Les Crétois eux-mêmes le redoutent puisque Minos le fait enfermer dans le labyrinthe conçu par l'architecte Dédale.

Dans la mythologie, d'autres êtres composites incarnent cette sauvagerie. Ce sont les Centaures. Ils ont un buste d'homme mais l'arrière de leur corps est celui d'un cheval. Ils vivent dans les montagnes, sont très brutaux et se nourrissent de chair crue.

Ne pas manger de viande cuite était pour les Grecs une manifestation de la barbarie. Le Minotaure fait pire : il mange de la chair humaine. Minos lui donne à dévorer de jeunes Athéniens en punition du meurtre de son fils, Androgée. Même si ce meurtre est inexcusable, une telle vengeance est inacceptable, et pas seulement pour Athènes mais pour le monde grec tout entier.

Ainsi, les monstres sont nombreux dans le mythe de Thésée : il vaincra également un peuple de femmes guerrières, les Amazones, qui se battaient contre Athènes. On les considérait comme des monstres, car elles combattaient au lieu de rester confinées au gynécée, la partie de la maison réservée aux femmes. De plus, elles se passaient de mari et tuaient leurs enfants mâles à la naissance ! Elles ne respectaient donc pas le rôle d'une femme dans la création et troublaient l'harmonie du monde.

Ce sont toutes ces victoires contre le désordre qui donnent à Thésée la stature d'un grand roi.

Monstres et héros : l'héritage

Les mythes grecs ont influencé les Romains dont la religion était proche. Eux aussi ont un héros fondateur, c'est Énée, un Troyen, fils de Vénus (que les Grecs nomment Aphrodite). Leurs poètes les ont chantés.

En Europe, à partir de la Renaissance, au XVe et au XVIe siècle, héros et monstres peuplent l'art : on redécouvre l'Antiquité, on peint, on sculpte ses dieux, ses héros et leurs combats contre les monstres. On écrit des pièces de théâtre dont ils sont le sujet. Dans la littérature française, Thésée est connu par la tragédie de Racine, *Phèdre* (1677). Mais l'écrivain s'intéresse moins à ses exploits qu'aux amours tragiques de Phèdre, sa femme, la sœur d'Ariane, victime elle aussi de la malédiction d'Aphrodite.

S'ils sont parvenus jusqu'à nous, c'est que les mythes nous permettent d'explorer les profondeurs de l'esprit humain. Ainsi, Picasso, au XXe siècle, a souvent peint le Minotaure qui symbolise selon lui l'homme déchiré entre sa part d'humanité et sa part de sauvagerie.

Les modernes interprètent les mythes avec leurs préoccupations, qui ne sont pas les mêmes que celles de l'Antiquité. Cela nous montre bien l'inépuisable richesse des mythes…

Table

Découvrez d'autres
grands récits mythologiques
dans la collection

FOLIO JUNIOR
TEXTES CLASSIQUES

L'ÉPOPÉE DE GILGAMESH

racontée par Pierre-Marie Beaude

n° 1504

« Gilgamesh est allé au bout de la Terre, il est descendu au fond de l'océan, il escalada les montagnes, à la recherche des secrets du monde... »
Ainsi commence l'épopée de Gilgamesh, le roi tyrannique. Transformé par son amitié avec Enkidou, l'homme sauvage, il se lance dans un périlleux voyage en quête de l'immortalité. Le récit de ses exploits est le plus ancien texte de l'humanité.

LES MÉTAMORPHOSES

Ovide

n° 1531

Pour quelle raison Zeus, le maître des dieux, a-t-il pris l'apparence d'un taureau ? Hercule sauvera-t-il Déjanire enlevée par un centaure ? Quel terrible sortilège la magicienne Circé inflige-t-elle à ses visiteurs ?
Métamorphoses, rivalités, vengeances : quand le chemin des dieux croise celui des hommes, les mortels peuvent trembler !

LES DOUZE TRAVAUX D'HERCULE

racontés par Isabelle Pandazopoulos

n° 1654

Le jeune Hercule est redouté de tous pour sa force prodigieuse et ses accès de rage incontrôlés. D'où lui vient cette violence ? Quel secret cache sa naissance ? Les dieux, irrités, décident de le punir. Condamné à accomplir douze travaux terrifiants, Hercule parviendra-t-il à racheter ses fautes et à reconquérir le trône de son père ?

L'ILIADE

Homère

n° 1691

Pâris, le jeune prince troyen, a enlevé la belle Hélène et la retient derrière les remparts de sa cité. Pour la reprendre, les Grecs assiègent Troie et engagent dans la bataille leurs plus grands héros. Mais les dieux de l'Olympe s'en mêlent, et chacun choisit son camp. Quelle sera l'issue de ce terrible combat ?

Un des premiers et des plus célèbres récits de l'humanité.

L'ODYSSÉE

Homère

n° 1228

« Je suis Ulysse, fils de Laërte, connu du monde entier pour ses ruses. Puisque tu le veux, je vais te raconter tous les maux que Zeus m'a envoyés depuis mon départ de Troie... » Cyclopes, tempêtes, sortilèges : Ulysse surmontera-t-il ces épreuves grâce à sa ruse légendaire ? Parviendra-t-il à retrouver le chemin d'Ithaque, son île natale, et à en chasser les prétendants qui se disputent la fidèle Pénélope ?

Le papier de cet ouvrage est composé de fibres naturelles, renouvelables, recyclables et fabriquées à partir de bois provenant de forêts gérées durablement.

Mise en pages : Maryline Gatepaille

Loi n° 49-956 du 16 juillet 1949
sur les publications destinées à la jeunesse
ISBN : 978-2-07-508260-0
Numéro d'édition : 560796
Dépôt légal : janvier 2023
Premier dépôt légal dans la collection : août 2017

Imprimé en Espagne par Novoprint (Barcelone)